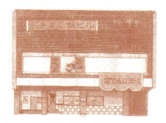

An illustrated Guide to Unique Local Cinemas

人が集まる，文化が集まる！
まちの個性派映画館

著：美木麻穂　Maho Miki

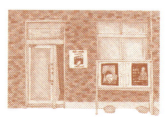

目次 CONTENTS

第 1 章 ◆ 昭和レトロ 8

第 2 章 ◆ 映画と建築 38

第 3 章 ◆ リノベーション 60

第 4 章 ◆ フィルム上映 92

第 5 章 ◆ ジャンル外個性派 124

第 6 章 ◆ New Place 164

Column

1. 流転を生きる映画館たち
フィルムアーキビスト、国立映画アーカイブ
主任研究員／岡田秀則 4

2. 御成座の絵看板コレクション 18

3. 映画館のグッズコレクション 34

4. 映画館の紙ものコレクション 56

5. ヨーロッパ小国のアートハウス
チェコ映画研究／富重聡子 88

6. 映写室のうつりかわり
映写技師／神田麻美 120

はじめに

全国各地で映画館という場所が守り続けられていると同時に、新たな映画館や上映場所も生まれています。

一口に「映画館」と言っても、成り立ちはさまざまで、1館ごとに異なる魅力を備えています。そんな特徴ある映画館には、「映画を鑑賞すること」以外にも魅力的なポイントがいくつもあります。

また、老舗映画館、シネコン、ミニシアター、公共施設、複合施設など……色々な場所で映画を鑑賞することができるのも面白さのひとつです。

"映画館は多様な形で生き続けている"

本書では、そんなことが伝わる個性豊かな劇場を、6章立てで紹介します。建築的な魅力や個性的な取り組みなど、幅広い側面から「映画館」に思いを馳せ、楽しんでいただけたら幸いです。

**7. 映画館が地元にちなんだ映画作品を
プロデュース──函館発、佐藤泰志原作シリーズ**
シネマアイリス館長 / 菅原和博...............**157**

**8. アジアの映画館──映画館(シアター)は
映画(シネマ)の守り人である**
ライター・映画館スタッフ / 荒井 南.........**160**

9. 映画館の未来について考えたこと
コミュニティシネマセンター事務局長 /
岩崎ゆう子 **184**

あとがき...................................**188**

Column-1
流転を生きる映画館たち

フィルムアーキビスト、国立映画アーカイブ主任研究員 / 岡田秀則

《映画館》は再生する

ル・キャピトル

　2024年2月23日、スイスはローザンヌ市で1928年に開館した映画館ル・キャピトルが、4年以上のリニューアル工事を経て再開館を果たした。かつてスイス最大の869席を擁したこの映画館は同市で最も古い劇場だが、さまざまな変遷を経て2010年に映画保存機関であるシネマテーク・スイスが買い取った。筆者は2019年にここに立ち寄ったことがあり、気品ある佇まいに魅了されただけでなく、現代では考えられない「カーテン付きカップル席」には微笑ましい気持ちにもなった。2階席の最前列に陣取って開幕を待ちながら、フランスはトゥールーズから来たシネマテーク職員の方とクラシック劇場の2階席の魅力について語り合った。リニューアル後は、デジタル映写はもちろん、35mm、16mm、さらに70mmフィルムの映写にも対応できる劇場として活躍を続けるだろう。

　またロサンゼルスのUCLAキャンパスにも近い、座席数約1,400席を誇るリージェンシー・ヴィレッジ・シアター（旧フォックス・シアター・ウエストウッド・ヴィレッジ）も1930年に竣工したスパニッシュ・ミッション様式による歴史的建造物である。白いタワーがそびえ、ハリウッド映画のプレミア上映が絶えず行われてきた伝統の劇場だが、ここが2024年2月、不動産ディヴェロッパーに買収されそうになっていたところ、映画監督たちが投資グループを組織してそれを阻止、映画館として存続できる見込みとの報道があった。中心人物は『JUNO／ジュノ』（2007年）や『マイレージ、マイライフ』（2009年）のジェイソン・ライトマンだが、グループにはJ・J・エイブラムス、デイミアン・チャゼル、アルフォンソ・キュアロン、ギレルモ・デル・トロ、アレハンドロ・ゴンサレス・イニャリトゥ、クリストファー・ノーラン、スティーブン・スピルバーグ、ドゥニ・ヴィルヌーヴといった現代ハリウッドの強力メンバーが並ぶ。

　いまや古い映画館といえば、何かと「レトロ感覚」やノスタルジーに結びつけられやすいものだ。だが先に記したような保存や維持の例が示すのは、そうした

Column

情緒とはほとんど関係がない。むしろ、それは映画の原初的な姿がいまもなお機能的な正統性を保っているという証拠であり、かつてのかたちのままに新しい価値を生む場所と見なされているのだ。

　映画アーカイビングの倫理において、「映画を守る」と言う時、それは映画作品の中身だけを残せばいいという意味ではない。フィルムで撮影され流通した映画は、ビデオや配信で広く見られるのも歓迎だが、本来の方法であるフィルム上映のインフラストラクチャーも維持される必要があるし、同時に映画鑑賞の本質的なコンテクストである「映画館」という環境も維持されなければならない。これまで生き長らえてきた映画館を残そうという発想は、「映画」という体系を包括的に捉えるこの思想の延長に生まれている。

　日本でも、1911年に開館した新潟県の高田世界館（p.40）や、1914年開館の福島県の本宮映画劇場（p.12）といった、当初は芝居小屋として建設されやがて映画館に転用された歴史的な館がいまなお存在している。本宮映画劇場の方は1963年の閉館後、興行館としての経営は行われていないが、長く建物や映写機のメンテナンスは続けられ、今世紀に入って自主的に上映活動を再開した。高田世界館の方は、地元の有志がNPO法人を結成して2009年に一度閉館した映画館に新しい命を吹き込んだ。これらの例も、古いものへの愛惜である以上に「私たちが映画を見ること」のコンテクストに対する崇敬の、終わることのない更新の姿である。単に建造物という意味ではなく、文化的なコンセプトとしても古典的な映画館は生き続けている。

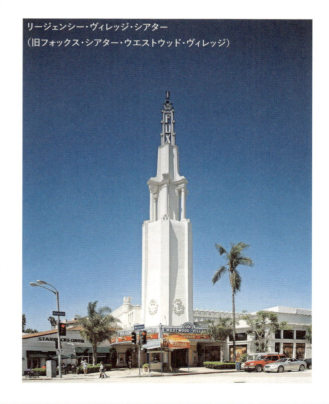

リージェンシー・ヴィレッジ・シアター
（旧フォックス・シアター・ウエストウッド・ヴィレッジ）

《映画館》は拡がってきた

　その一方、こうした活動がいま各地で湧き起こっているのは、映画館が時代ごとの映画のかたちの変遷に沿って、これまで絶えず姿を変えてきたことの表れでもある。日本においては、芝居小屋の風情を残した大正期の劇場から現在のマルチプレックス型劇場（シネコン）に至るまで、1世紀を超える間にはさまざまなターニングポイントがあったが、特に注目すべきものを3つ挙げておきたい。まずは、映画観客が激増する昭和初期に、簡易建築ながら高い装飾性を持った都市の劇場が、本建築の巨大劇場へと生まれ変わったことである。鉄筋コンクリート建築の導入により1,000人以上の収容が可能となったが、これはまさに映画産業の発展期を象徴する変化だ。また時を大きく下って1993年からはマルチプレックス型劇場が全国で圧倒的な勢いで普及したことは記憶に新しい。1か所に複数のスクリーンを持つことで和洋映画や製作会社の垣根を取り払い、旧来のブロック・ブッキング（映画の製作・配給・興行を同一の企業が垂直的に統括する形態）を徐々に解体しながら、現代の映画状況を作り出してきたことも当然ながら重要である。

　ただその2つのトピックの間に、規模こそ小さいものの、映画と映画館の関係を根本的に変えてしまった1つの動きがあったこ とを忘れてはいけない。例えばジャン＝リュック・ゴダールの長篇デビュー作『勝手にしやがれ』（1960年）が日本で公開された時、これを輸入した新外映配給は、宣伝用のポスターやプレスシートでこれがフランス映画の新しい潮流「ヌーヴェル・ヴァーグ」の

『勝手にしやがれ』（1960年）ポスター／画像提供：国立映画アーカイブ

Column

傑作だと伝える一方、「盗みや殺しは平気だが 惚れた女にゃ手が出ねえ」というなんとも古めかしい不良映画のごとき惹句（宣伝文句）を付している。このことは、大衆娯楽の象徴である映画の中に、それだけではない新たな価値を備えた映画が登場したにもかかわらず、いかにも大衆的な身ぶりで宣伝活動を続けねばならなかった当時の環境を示している。ヨーロッパ映画の場合、1960年前後はとりわけこの「芸術性を強調できず、やむなく煽情的な宣伝に頼る」傾向が顕著で、作家マルグリット・デュラスの書いた『ヒロシマ・モナムール』が日仏合作で映画化された際（1959）、日本公開題が『二十四時間の情事』だったこともその現れだろう。

ヌーヴェル・ヴァーグをはじめ、世界の映画界が新しい表現者たちを生み出した1960年前後、すべての封切り映画に拡大公開を期待する旧来の映画館のスタイルはそろそろ限界を迎えていた。そしてまったく別の方向からも、従来の映画興行のシステムを変えようとするエネルギーが湧き上がっていた。成人映画の登場である。日本映画の大手会社が作る映画で表現できるエロティシズムには限りがある一方、新たな小プロダクションが製作した成人指定映画もまた、規模の小さい独立した劇場網を欠かせないものとした。

かくして、映画館の歴史を考える時「1962年」は極めて興味深い年になった。なぜならこの年は、世界の芸術作品を小規模な劇場網に乗せて配給する日本アート・シアター・ギルド（ATG）が初の配給作品『尼僧ヨアンナ』を公開した年であると同時に、大蔵映画配給の『肉体の市場』を皮切りにジャンルとしての成人映画が生まれた年でもあるからだ。ATG

は、東京の「アートシアター新宿」を根城に、札幌から福岡まで10館程度の小規模映画館に作品を送り出した。一方で成人指定映画の方は、全国の盛り場の片隅に男性だけの溜まり場を着実に形成した。つまり興行面では、「芸術映画」と「ピンク映画」は同い年なのだ。

ここに、世に送り出された映画を内容で区別せず、同じような配給の番線に乗せてゆく画一的なシステムは終わりを迎える。つまり映画は、もはや映画というだけで「一枚岩」ではなくなった。そしてATGの活動はその後アート映画の公開を促し、世界の名画を専門的に公開する「岩波ホール」の誕生や、1980年代のミニシアター・ブームにつながってゆく。

映画のかたちが映画館を変え、映画館の存在がまた新たな映像表現に門戸を開く、そんなダイナミズムもまた歴史の教えてくれる愉しみだ。ル・キャピトルも高田世界館も、私たち映画観客がたどった120年の歳月を包み込むように今日も精力的に上映を続けるだろう。

第1章 ◆ 昭和レトロ

古き良き時代の
味わい深さがたまらない。
いつまでも残しておきたい
ノスタルジックな映画館

高崎電気館 　群馬　　Takasaki Denkikan
(高崎市地域活性化センター)

　創業111年という歴史を持つ、高崎市で最初に開館した高崎電気館。花街として栄えた地域のシンボルとして、2001年の休館の際は地元の人々からの強い再開希望が寄せられるなど長く愛されてきた。現在の建物は4代目で、時代に合わせ姿を変える一方、そこかしこに先代から受け継がれた記憶が息づいている。映画館のビジュアルにほれ込む外国人観光客も多く、高崎を訪れるたび足を運ぶというファンもいるのだとか。文化の街を象徴する、地元出身の交響楽団の歴史映画『ここに泉あり』無料上映のほか、飯塚支配人が「考えるのが楽しい」と話す多様な特集上映も人気。

第 1 章 ◆ 昭和レトロ

> **DATA**
>
> 所在地：高崎市柳川町31
> TEL：027-395-0483
> 開設年：1913年開館（再開2014年）
> シアター数：1

本宮映画劇場 Motomiya Movie Theater

　1914年開館の芝居小屋の建物を残す歴史的にも貴重な劇場。1947年、常設映画館への移行に伴い現在の「本宮映画劇場」の名となる。映画館としての営業は1963年に終了するも、2代目館主田村修司さんの不断のメンテナンスが建物と映写機材を守り、当時の趣を今に伝えてくれる。現在は不定期で上映が行われ、往年の映画ポスターやのぼりが並ぶレトロな館内は見学が可能（要予約）。3代目の田村優子さんが劇場について綴った書籍『場末のシネマパラダイス』（筑摩書房）や、東京での出張上映企画などを通じ、映画と映画館の魅力を発信し続けている。

第 1 章 ◆ 昭和レトロ

DATA	
所在地：本宮市本宮字中條83	
TEL：0243-33-1019	
開設年：1914年	
シアター数：1	

長野相生座・ロキシー Nagano Aioiza Roxy

　1892年に芝居小屋として創業し、長野県下で初めて活動写真が上映されたという由緒ある劇場。改修を重ね受け継がれてきた建物は外観や内装の意匠一つ一つに時代が刻まれ、往時を偲ばせる。現在は3スクリーンを備え、大規模商業映画からアート系映画まで幅広く上映。客層はシニアから学生までさまざま。かつて松竹系列だったこともあり年末年始には『男はつらいよ』特集が恒例で、家族3世代で観にきてくれるお客もいるという。近隣の飲食店や上映作品に関連する団体とのコラボも取り入れ、築130年を超える劇場は地域の新しい交流を生み出している。

第 1 章 ◆ 昭和レトロ

❶ 相生座2階席からの眺め。2階席のある劇場は少ないので、ある場合はひとまずこちらで鑑賞したくなる。
❷ ロキシー2階への階段。
◀ 権堂駅前から続くアーケード商店街の中ほどに位置する存在感ある建物。正面中央にある切符売り場が珍しい造り。両側に相生座とロキシー、2つの入り口があるが、中の廊下でつながっている。

DATA
所在地：長野市権堂町2255
TEL：026-232-3016
開設年：1892年
シアター数：3

御成座　[秋田]　Onari-za

　1952年創業の老舗映画館の屋号を引き継ぎ、2014年に新生オープン。長らく閉館していた劇場を買い取ったのは県外から移住してきた切替夫妻。もともと住居として利用するつもりだったが、映画館再開を待ち望む地元の人々の声を受けて復活に向け動き出す。3ヶ月限定の予定で再開した劇場は県内外のファンに見守られ、今年で10年目を迎えた。落語や演劇、音楽ライブの会場としても使われ、イベントをきっかけに上映に通い始める観客も。個人の貸館利用が可能で、200席を有する劇場を独り占めし、持ち込んだ映像を大スクリーンで楽しむことができる。

第 1 章 ◆ 昭和レトロ

DATA

所在地：大館市御成町1-11-22
TEL：0186-59-4974
開設年：2014年
シアター数：1

Column-2
御成座の絵看板コレクション

　御成座名物の絵看板。絵看板師の仲谷政信さんが2015年から描き始めて、現在では総製作数323枚になる。ただ忠実に描き起こすだけでなく、仲谷さん流の遊び心に魅了されるファンも多い。膨大なコレクションの、ほんの一部分を仲谷さんのコメントとともに紹介する。

『RRR』▶ 話題作なので気合が入りました。タイトルの中にも主人公が描かれています。

『アネット』▶ 荒波がうまく描けたら良しと思い、勢いでわりと短時間でできた看板です。

『アメリ』▶ 初期の看板は上部に題名、下部にメインの絵と上映日を入れていました。

『オオカミの家』▶ メインビジュアルを大きく再現し、原版デザイナーにも喜んでもらえました。

『さかなのこ』▶ のんさんの顔の中に秋田の県民魚であるハタハタを描き入れました。

『ニュー・シネマ・パラダイス』▶ これも初期の作品。好きな映画なので気負って描いたが技術が未熟でした。

Column

『バグダッド・カフェ』▶ 独特な世界観の映画なので、元の画を横にしました。お気に入りの一枚です。

『花束みたいな恋をした』▶ 菅田将暉さんの顔が似なくて苦労した作品。できたら描き直したい一枚です。

『偶然と想像』▶ 通常の顔写真でなく、イラストの雰囲気を損なわないように気を遣った作品。

『枯れ葉』▶ 暗がりの中に、御成座再開時に描けなかった映画の主人公たちを描きました。

『戦場のメリークリスマス』▶ スターダストになったジギーと教授とてっぴー（劇場のうさぎ）も、ここで生き続けます。

『ナイト・オブ・ザ・リビングデッド』▶ 御成座の映写技師による制作。6本の腕と白うさぎが飛び出す立体絵看板！

豊岡劇場 兵庫 Toyooka Theater

　1927年、芝居小屋として創業。戦後に映画館となり2012年の閉館まで地域文化を支えてきた。その後地元の会社が事業を継承するも、コロナ禍の打撃を受け休館。それでも映画館を守りたいと、パート従業員だった田中さんが支配人となり2023年に再スタートを切る。「みんなでつくる豊劇」を目指し、個人・法人から広く賛助会員を募集。受付業務は多くのボランティアに支えられている。大人が寄付した分だけ子どもが割引料金で鑑賞できる仕組みも導入。映画の感想を共有する会や地域のお店が集う飲食企画など、映画を軸にしたコミュニティづくりにも取り組む。

第 1 章 ◆ 昭和レトロ

❶ 芝居小屋時代のポスター。
❷ 2階小ホール場内。冬にはコタツ席も現れる。
❸ 受付の照明は映写機のフィルムを巻くリールを活用している。地域の鞄職人の方のお手製だそう。
◀ 1階大ホール前。扉に向かう丸みを帯びた階段が珍しい造り。ロビーには長年使用された映写用具が展示され、歴史を感じさせる映写室の扉など、元々の劇場の趣を残しリノベーションされた空間が魅力的だ。

> **DATA**
> **所在地**:豊岡市元町10-18
> **TEL**:0796-34-6256
> **開設年**:1927年開館(再開2014年)
> **シアター数**:2

パルシネマしんこうえん Palcinema Shinkouen

　昭和の香り漂うミナエン商店街で50年以上にわたり愛されてきた名画座。昔ながらの2本立てスタイルを中心に、朝と夜の1作品入替での上映、不定期で行われるオールナイト上映も加えた柔軟なプログラムが特徴。ピアノ伴奏付きでの無声映画の上映や、近所の寄席とコラボした落語会など新しい取り組みも人気だ。昼休憩の終わりには支配人自ら前説を行い、上映ラインアップを紹介。幕間には場内での飲食が可能で、朝のうちに劇場で注文すると近所のお店が弁当を配達してくれる（数量限定）。空腹の心配をせず2本立てを楽しめるようにとの気遣いが感じられるサービスだ。

第1章◆昭和レトロ

DATA	
所在地	神戸市兵庫区新開地1-4-3
TEL	078-575-7879
開設年	1971年
シアター数	1

ホールソレイユ 　香川　 Hall Soleil

　戦後まもなく劇場を立ち上げた先代からの家業を引き継ぎ、随時形態を変えながら半世紀以上にわたり高松で興行を続ける老舗館。1983年に建てられた現在のソレイユビルは4階と地下にそれぞれ趣の異なるスクリーンを構える。ロビーはレトロな雰囲気に包まれ、チケットカウンターに飾られた大入袋が劇場の歴史を感じさせる。オリジナルグッズのしおりは古いフィルムを使ったスタッフの手作り。貸館利用も可能で、地元の大学生が主催した上映会が超満員となったことも。香川県に唯一残る単館系映画館は当地の映画文化を次世代へとつないでゆく。

第 1 章 ◆ 昭和レトロ

❶ 地下ソレイユ2の場内。両壁上部のランプは、上映中も完全には消灯せず、ほんのり灯してある。ベテランのスタッフさんは、ランプの灯し加減にもこだわりを持っているそうだ。
❷ 4階ホールソレイユのロビー。

> **DATA**
>
> 所在地：高松市亀井町10-10 ソレイユ第1ビル
>
> TEL：087-861-3366
>
> 開設年：1983年
>
> シアター数：2

あたご劇場　高知　Atago Theater

　1955年、高知市で創業。時代の変遷とともに周囲の劇場が次々と幕を下ろすなか、家族経営で半世紀以上の歴史を紡いできた。外観や内装、調度品は創業当時の趣を残し、劇場全体がレトロな雰囲気に包まれている。献身的な劇場運営を行なった先代の水田館長の遺志を継ぎ、映写からもぎりまで業務全般を一手に担うのは支配人の西川さん。自身も学生時代からの常連であり、先代の晩年にはスタッフとしてその仕事ぶりを間近で見てきた。奮闘する支配人の周りには自主的に館内の掃除を行う常連も集い、老舗映画館と地域とのつながりはますます深まっている。

第1章◆昭和レトロ

常連さんから寄贈されたスクラップブック

> **DATA**
> 所在地：高知市愛宕町1-1-22
> TEL：088-823-8792
> 開設年：1955年
> シアター数：1

27

萩ツインシネマ Hagi Twin Cinema

　山と海に囲まれた歴史ある萩の街、その中心部にたたずむ老舗映画館。エントランスからロビーまで1980年の創業時の内装がほぼそのまま残り、昭和モダンの趣をたたえている。2004年に一時廃業するもNPO法人に運営を移行して復活。劇場名の由来である赤と青の2色を基調とした2つのシアターは、今も変わらず地域の映画ファンに親しまれている。観光でもデートでも普段の生活の中でも「誰もが気軽に立ち寄れる場所でありたい」と柴田館長は語る。2024年にはビル内にチョコレート店やイートインスペースが誕生し、レトロな建物に新しい風が吹いている。

第 1 章 ◆ 昭和レトロ

❶ 青が基調のシアター1。場内前方のスペースが広く、ライブ会場として使用されることも。
❷ 赤が基調のシアター2は、数種類の年代の椅子があり、自分好みの椅子を選べる（自由席）。クマのぬいぐるみは、お客さんが1人だけという場合にも寂しくないようにと置かれている。
◀ 赤と青、2つのシアターの色が交差するロビー。

DATA	
所在地	萩市東田町18-4
TEL	0838-21-5510
開設年	1981年
シアター数	2

別府ブルーバード劇場　大分　Beppu Blue Bird

　1959年創業の歴史ある温泉街に唯一残る映画館。父そして夫の跡を継ぎ50年以上劇場を切り盛りしてきた岡村館長は、90歳を超えた今でもチケット売り場でお客を迎えている。館内は昭和の空気が色濃く残り、映画のロケ地に使われたことも。長い歴史が紡いだ縁で数多くの映画人が劇場を訪れてきた。近年は街の魅力を発信する短編映画の上映館ともなり、観光客も多く来場。海外からの旅行者のため英語字幕付きの上映回も設けている。劇場の魅力と館長の人柄に惹かれた若い協力者も集い、BEPPUブルーバード映画祭など新しい企画も続々と生まれている。

第 1 章 ◆ 昭和レトロ

❶ 最前列はロングシート。

◀ チケットを売る際、お客様に手先を差し出すので、ネイリストさんに毎月お任せで季節のネイルをしてもらっているという岡村館長。取材時は、お雛様と梅とウグイスの柄があしらわれていて、とても可愛かった。

▼ 1階入り口の赤と黒の花柄の階段に気持ちが高まる。

DATA	
所在地：別府市北浜1-2-12	
TEL：097-721-1192	
開設年：1959年	
シアター数：1	

宇都宮ヒカリ座 栃木 Theater Hikariza

外壁の色合いが昔懐かしさを感じさせる宇都宮ヒカリ座。特に創業時より変わらない地下スクリーンのシアター1の趣は、映画のロケ地としても作り手の注目を集めている。以前はメジャー作品に特化していた番組編成だったが、郊外型シネコンが主流となる中で劇場のあり方を大きく刷新し、都心のミニシアターのような知られざる名アート作品を提供する映画館へ生まれ変わった。封切り日を問わず開催される舞台挨拶、トークイベントのほか、有志による劇場ファンのサークルの結成や地域のコミュニティFMに専門番組を持つなど、地域に応援される映画館となっている。

DATA
所在地：宇都宮市江野町7-13 プラザヒカリビル5F
HP：https://www.ginsee.jp/hikariza/
開設年：1970年
シアター数：3

川越スカラ座 Kawagoe Scalaza

　寄席から演芸場、映画館と明治38年から同じ場所で川越の娯楽を支えてきた川越スカラ座。現代の映画館では味わえないムードに誘われ都内から足繁く訪れるファンや、映画のロケ地に選ばれることも多い。天井が高く広い劇場内は、趣はもちろんコンサートホールのようで音響効果も抜群。アイデアパーソンである番組編成担当発案のマサラスタイル上映や、作品にちなんだ割引も喜ばれている。ほかにも猫をテーマにした作品の上映では、保護猫の譲渡会を開催するとともに川越市の保護猫活動もPRするなど、地域との連携や社会貢献の拠点にもなっている。

DATA	
所在地	川越市元町1-1-1
TEL	049-223-0733
開設年	1905年（1963年現在の名称へ）
シアター数	1

Column-3
映画館のグッズコレクション

　近頃、オリジナルグッズを制作する映画館が増えている。ロゴやイラストがあしらわれたものから、映画作品にちなんだユニークなものまで、ファン心をくすぐる29種をご紹介！

◀ トートバッグ
（韓国 emu art space）

▶ エリック・ロメール トートバッグ（韓国 ソウルアートシネマ）

▶ 映画『お嬢さん』アンブレラ（韓国 ソウルアートシネマ）

▲ ジョン・カサヴェテス刺繍Tシャツ
▶ フーディー、マグカップ（Stranger）

Column

▲ チケットファイル、アクリルキーホルダー、ステッカー
▶ Tシャツ（シネマ・ジャック＆ベティ）

◀ 手ぬぐい・トートバッグ
（下高井戸シネマ）

▲ Tシャツ（早稲田松竹）

   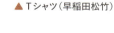

◀▲ クラウドファンディング返礼品のTシャツ、
　　ステッカー（鶴岡まちなかキネマ）

◀ 漫画家・東陽片岡Tシャツ
（本宮映画劇場）

◀▼ ワークシャツ・スマホストラップ（川越スカラ座）

▼ Tシャツ
（シネマチュプキタバタ）

◀ トートバッグ
（深谷シネマ）

◀▼ タンブラー・ハンカチ
（シネマネコ）

Column

▲ 手ぬぐい（シネマ尾道）

▶ 手ぬぐい
（長野相生座・ロキシー）

◀ マグカップ
（パルシネマしんこうえん）

▲ ネジチョコ・豆香洞コーヒー昭和館ブレンド
（小倉昭和館）

▲ マスキングテープ
（おもちゃ映画ミュージアム）

第2章 ◆ 映画と建築

モダン建築、仏教建築、
前衛建築……
非日常の空間で映画体験ができる、
建築が美しい映画館

高田世界館　新潟　Takada Sekaikan

　1911年築、日本最古級の映画館。老朽化により2009年に一時閉館するも、市民有志が立ち上げたNPO法人により同年運営を再開。募金や補助金をもとに修繕をしながら上映を続けてきた。現在は街の観光資源としても認知され、築100年を超える劇場には映画ファンのみならず建築ファンも多く訪れている。上映作品のジャンルは幅広く、映画以外のイベントも随時開催することで、さまざまな関心を持つ人々が行き交う場となっている。上映の合間には見学だけの来館も歓迎（要入館料）。客席や映写室はタイムスリップしたようなレトロな雰囲気を堪能できる。

第 2 章 ◆ 映画と建築

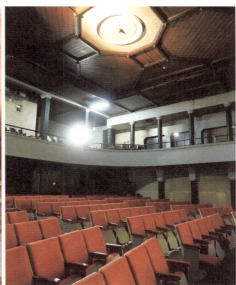

DATA	
所在地：上越市本町6-4-21	
TEL：025-520-7626	
開設年：2009年	
シアター数：1	

41

アテネ・フランセ文化センター

東京 Athénée Français Cultural Center

　ル・コルビュジエのアトリエで学んだ建築家吉阪隆正氏のデザインが生きるアテネ・フランセ文化センターは、映画を通した文化交流を続けてきた日本では数少ないシネマテークの一つである。近年再評価が進むシャンタル・アケルマン監督を1980年代より取り上げるなど、「古典映画の再評価と現代映画の最先端」を実践し続ける姿勢が熱心な映画マニアに信頼されている。アナログからデジタルまであらゆる作品の上映フォーマットに対応するため、企画立案から上映素材の制作や字幕投影、映写設備メンテナンスまで引き受ける独自の制作部を備えているのも強みだ。

第 2 章 ◆ 映画と建築

❶ シアター内は実際の面積よりも広く感じられるように、視覚効果を考え設計された。左右の壁の高さが異なり、スクリーンを正面から見ると上部の角度が左右非対称なのがわかる。天井の山型は正面だけでなく、横の壁も中心から前後にかけてゆるやかな山型になっている。

❷ アルファベット文字や女神ミネルヴァの横顔が彫りこまれた壁が印象的な外観。館内も細部にわたり建築家の意匠が凝らされている。

写真:アフロ

DATA	
所在地：千代田区神田駿河台 2-11	
アテネ・フランセ 4F	
TEL：03-3291-4339	
開設年：1970 年	
シアター数：1	

静岡シネ・ギャラリー

静岡 Cine Gallery

　曲線と直線の組み合わせが独特の雰囲気を醸す建造物。インドの仏教聖地がモチーフというこの文化施設に、静岡市唯一のミニシアターが併設されている。開業は2003年。以来、数多くのインディペンデント作品を映画ファンに届けてきた。上映リクエストを柔軟に取り入れるなど観客とのコミュニケーションを大切にする姿勢は、「お客さんと劇場は対等な立場でありたい」と語る川口副支配人の言葉にも表れる。地域の社会福祉法人や美術館、飲食店などとコラボした上映会を積極的に行うことで間口を広げ、多くの人に親しまれる劇場作りを行っている。

第 2 章 ◆ 映画と建築

> **DATA**
>
> **所在地**：静岡市葵区御幸町11-14
> サールナートホール3F
>
> **TEL**：054-250-0283
>
> **開設年**：2003年
>
> **シアター数**：3

45

シネ・グルージャ 京都 Seis / Cine Grulla

　六角形の天井が特徴のシネマカフェは、フィンランドの映画監督アキ・カウリスマキの大ファンだという店主・中嶋一晶さんにより開設。カウリスマキの映画を地元で上映できるだけでなく、彼が運営していた複合型映画館「キノ・アンドラ」のような場所を目指し、カフェとライブ可能な上映スペースを併設。建築を担当した半海宏一氏は実際に「キノ・アンドラ」を視察。通常は音の反響を防ぐよう設計される映画館を、音楽ライブもできるように反響を残す設計とした。ピアノ伴奏付きサイレント映画の上映場やレコーディングスタジオとしても活用されている。

第 2 章 ◆ 映画と建築

❶ 六角形の屋根が美しい劇場外観。奥に見えるのは舞鶴湾。 ©Yohei Sasakura
❷ 切り絵作家・萩原桂子さんの個展風景。ショップコーナーでは、紙の質感や仕掛けが楽しめるような絵本をセレクトして販売している。場内の椅子は購入することも可能。映画を観る間じっくり座り心地を体感できる。シネ・グルージャで提供するもの全てに共通することとして"実際に体感してもらう。この場所でリアルに感じてもらう"ということを大切にしている。

DATA	
所在地：舞鶴市竹屋 24-2 Seis	
TEL：0773-60-5566	
開設年：2019 年	
シアター数：1	

47

シネマ・クレール 岡山 Cinema Clair

　岡山市中心部、路面電車の走る街並みに調和する端正な建物。ロビーには映画ポスターやチラシ、常連客が差し入れた書籍や装飾品が並び、明るく落ち着いた雰囲気を醸し出す。長年自主上映を続けてきた浜田支配人が前身となる映画館を立ち上げたのは1994年のこと。作り手の意図した映像と音響を再現する環境にこだわり、2001年に現在の劇場をオープン。岡山県唯一のミニシアターとして映画文化の拠点を担ってきた。「映画は非日常で、映画館でこそ集中して体験できる。人の意見より自分の感性を大事に、心に残る作品に出会ってほしい」と浜田支配人は語る。

第 2 章 ◆ 映画と建築

❶ 座った時に体がスクリーンの中心に向かうように、座席はカーブをつけて配置している。壁には吸音性のあるドレープ布を使用。スクリーンは縦横に調整が可能。
❷ スタイリッシュな外観だが、玄関両脇の植え込みには劇場会員の方が持ってきてくれたさまざまな植物が植えられていて、ホッとできる雰囲気だ。
❸ 会員の方の手作りグッズ。

DATA	
所在地：岡山市北区丸の内1-5-1	
TEL：086-231-0019	
開設年：1994年（岡山市北区石関町に開設）	
シアター数：2	

山口情報芸術センター［YCAM］

ポストモダニズム建築の先駆者・磯崎新氏設計の外観が有名な山口情報芸術センター通称「YCAM（ワイカム）」。ミニシアターのほか、ギャラリーや図書館を併設する、公共のアートセンターだ。アートセンターだからこそ、実現可能なオリジナリティの高い企画や番組編成が最大の魅力。展覧会と連動したプログラムや野外上映イベント、国内屈指の音響環境を活用した企画には県内外から観客が訪れる。上映後、作品の感想を鑑賞者同士でシェアする「アフターアワーカフェ」で観客との積極的な交流を図るなど、地域に開かれた場である努力を続けている。

> **DATA**
>
> 所在地：山口市中園町7-7
> TEL：083-901-2222
> 開設年：2003年
> シアター数：1

シアター・イメージフォーラム 東京 Image Forum

　前衛建築で知られる高崎正治氏によるコンクリートのソリッドな質感と、曲線が作る近未来的ムードが特徴のシアター・イメージフォーラム。一人当たりの座席に対しスクリーンが大きく見える内観も、映画に没頭するためのこだわりだ。「個人による作家性の強い映画を上映する」という番組編成は、映画ファンだけでなくカルチャーに敏感な層も注目する。昨年上映した『オオカミの家』は、日本では知名度の高くないチリ映画にもかかわらず熱狂的ブームを巻き起こした。渋谷のミニシアター文化、観客、そして街の変化をみつめつつ、チャレンジングな上映を続けていく。

DATA
所在地:渋谷区渋谷2-10-2
TEL:03-5766-0114
開設年:2000年
シアター数:2

京都文化博物館

 The Museum of Kyoto

　京都の歴史と文化芸術を観覧できる総合博物館の中で、映画資料の保存・活用を担うアーカイブ兼上映施設。京都ゆかりの劇映画を中心に800本近い35mmフィルムを所蔵し、毎月さまざまな切り口で上映を行う。京都ヒストリカ国際映画祭、京都国際子ども映画祭など映画祭の会場としても使われ、古典のみならずアニメから実験映画まで多様な作品が交差する場となっている。映画を作り続けてきた京都ならではの撮影所の伝統を絶やさぬよう、国内外から若手の映像作家を集め時代劇の短編を制作するワークショップを毎年開催し、作り手の育成にも取り組む。

DATA
所在地：京都市中京区高倉通三条上る東片町623-1
TEL：075-222-0888
開設年：1988年
シアター数：1

第2章◆映画と建築

神保町シアター

東京

Jinbocho Theater

　戦前までは映画館や寄席が多数存在した芝居小屋の街、現在は古書店がひしめき合う神保町。そんな文化の香り漂う一帯に、心地よいフィルム映写機の音を響かせ続けてきた神保町シアター。古き良き邦画を中心に、「本の街・神保町」にちなんだ原作ものやアニメーション、1980年代以降のアイドル映画まで多数上映している。幅広い作品プログラムを組むことで、シニアから若者まで多様な客層にアクセスすることを心がけている。過去にはグッドデザイン賞にも輝いた、デザイナー渾身の質感が目を引く外壁も魅力的だ。

DATA
所在地：千代田区神田神保町1-23	
TEL：03-5281-5132	
開設年：2007年	
シアター数：1	

東京日仏学院 [エスパス・イマージュ] Espace Images

　緑に囲まれた高台に立つ、白を基調として構築された東京日仏学院。数々の名建築を手がけた坂倉準三設計による神楽坂エリアのランドマークとして、長年親しまれてきた。フランス文化との架け橋になるべく、映画はもちろん音楽、演劇などのイベントも定期的に行なってきた。上映施設「エスパス・イマージュ」には、フランス映画を中心にここならではの作品やテーマの特集、日仏のアーティストと批評家による内容の濃いトークイベントに惹かれ、足繁く通うファンも多い。自然豊かな中庭のフレンチ・レストランでは、癒やしのひとときを味わえる。

DATA
所在地：新宿区市谷船河原町15
TEL：03-5206-2500
開設年：2010年
シアター数：1

宮崎キネマ館 Miyazaki Kinema-Kan

　新築木造映画館として2021年にリニューアルオープンした宮崎キネマ館。木造の魅力である広がりを感じる空間や柔らかい音響など上映環境も心地よく、木のぬくもりに触れられる憩いの劇場だ。強みは、宮崎県のチェーン系シネコンの少なさを生かした自由な番組編成。短歌が盛んな土地柄にちなんだ上映『幾春かけて老いゆかん　歌人馬場あき子の日々』の上映時には地元の若手歌人のトークイベントを企画するなど、地域と密接なつながりを常に心がけている。宮崎の文化的魅力を映画とともに観客へ伝える、地元愛溢れるミニシアターだ。

▶ DATA

所在地:宮崎市高千穂通1-178 カリーノTRUNK
TEL:0985-28-1162
開設年:2001年(2021年現住所にリニューアルオープン)
シアター数:4

Column-4
映画館の紙ものコレクション

上映スケジュール、スタンプカード、チケット、オリジナルzine……！
映画館が作ったかわいい紙ものを集めました。

◀▲ ジャーナル、スタンプカード
（元町映画館）

◀ 上映スケジュール
（早稲田松竹）

Column

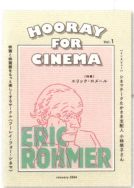

◀ zine「HOORAY FOR CINEMA」（有志のファンによるシネマテークたかさき応援zine）

▼▶ 特集に合わせて発行する映画批評誌「Stranger Magazine」（Stranger）

◀▲ 上映案内、ポイントカード
（シネマチュプキタバタ）

◀「月間ウインド」
（シネ・ウインド）

58

Column

◀ 映劇手帳（上田映劇）
鑑賞した映画のオリジナル
ハンコを押すことができる

▼『市子』鑑賞チケット
（別府ブルーバード劇場）

▲ シネマチケット（豊岡劇場）

▼「月刊シネコヤ」（シネコヤ）

▲ zine「ジャックと豆の木」
（シネマ・ジャック＆ベティ）

第3章 ◆ リノベーション

各館の創意工夫が光る。
古いものに新しさを加えた
唯一無二の映画館

シネマ・デ・アエル 岩手 Cinema de Aeru

　築200年の元酒蔵を改装した文化複合施設。「映画で逢える、映画と出会う」をキャッチフレーズに2016年オープン。同年閉館した「みやこシネマリーン」が培った当地の映画文化を継承しつつ、どこからきた人でも自分の居場所と感じられる場を目指している。主催上映は月に数日、2〜3作品に厳選。観客参加型の対話の時間を設け、鑑賞で終わらない映画体験を提供している。上映作品は月替わりで運営メンバーが決めており、「メンバーの多様性がプログラムの多様性につながっている」と有坂代表は語る。音楽ライブや食のイベントも不定期で行われている。

第3章◆リノベーション

❶ 天井が高く開放感のある場内。
❷ 築200年の歴史を感じさせる重厚な扉。この先にどんな空間が広がっているのか期待を高めてくれる。
❸ エントランスの半屋外スペース(軒下)にはテーブルと椅子が設置され、上映前後に気軽に語らえる空間となっている。クリスマスマーケットやお神楽の演舞が行われたことも。

DATA	
所在地:宮古市本町2-2 東屋内 蔵	
TEL:090-8582-4940	
開設年:2016年	
シアター数:1	

63

鶴岡まちなかキネマ 山形

Tsuruoka Machinaka Kinema

　戦前の木造絹織物工場を改築した、鶴岡市唯一の映画館。「まちキネ」の愛称で親しまれてきたが、2020年、コロナ禍で急遽閉館を発表。地域住民らを中心に存続を願う声が高まり、2023年に再スタートを切った。現在は映画館に隣接する山王商店街の人たちを中心に設立したまちづくり会社が経営を担う。コミュニティスペースとしての劇場の役割に重きを置き、市民団体と共催での上映や、観客から上映リクエストを募集したりと、市民参加型の企画に積極的に取り組む。映画館という場を活かした交流と学習の場として、新たに「山王キネまち大学」の取り組みも始まった。

第 3 章 ◆ リノベーション

❶ 画家の土井沙織さんが手がけた全長12メートルの壁画。もとは屋外に飾られていたが、再スタートに伴い館内へと移された。
❷ ひとこと感想コーナー。観客同士のささやかな交流の場となっている。
❸ 再スタートにあたり俳優の井浦新さんがデザインしたロゴマーク。建物のトラス構造をモチーフにしている。

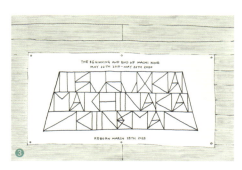

> **DATA**
>
> 所在地：鶴岡市山王町13-36
> TEL：0235-64-1441
> 開設年：2023年（同名の前身館は2010年開設）
> シアター数：2

シネマテークたかさき 群馬 Cinémathèque Takasaki

　創設者・茂木正男さんの情熱が詰まっているシネマテークたかさき。運営母体であるNPO法人たかさきコミュニティシネマは、"映画の入口から出口まで"を掲げ、上映のみならず地域を挙げて撮影を支援する「高崎フィルム・コミッション」の活動を行っている。近年静かな広がりを見せたのが、枝優花監督『少女邂逅』。地元出身の新鋭が少女を主役に作り上げた本作は、同年代の映画好きの情熱に火をつけることになり、今なおロケ地巡りに足を運ぶ若い観客の姿もあるのだとか。映画館の存在だけが生み出す熱は冷めることなく、永遠に伝わり続けていく。

第 3 章 ◆ リノベーション

❶ 1階ロビー。
❷ 2階廊下。一階の壁色は東京・京橋にあった映画美学校試写室の壁を参考に、2階は某映画会社試写室の壁色を参考に塗装職人に制作を依頼。1階も2階も、もう二度と同じ色は作れないと言われたそう。
❸ 2階応接室前。銀行時代から残る掲示板。
❹ 応接室窓から見える石とヤシの木も銀行時代の名残。
❺ 映写室には銀行時代の金庫室扉が残る。

DATA	
所在地：高崎市あら町202	
TEL：027-325-1744	
開設年：2004年	
シアター数：2	

深谷シネマ 埼玉 Fukaya Cinema

　レンガ造りと瓦屋根の建物の間をくぐり抜けた先にたたずむ趣深い平屋建て。廃業寸前だった酒蔵「七ツ梅酒造」を活用した埼玉県北部唯一のミニシアター、深谷シネマだ。NPO法人「市民シアター・エフ」の運営のもと、市と連携した子ども向けの夏休み上映会などあらゆる年齢層の映画ファンを育てる編成を心がけている。大林宣彦監督らこの劇場に魅せられた映画人は多く、ロケ地としても人気が高い。現在では近隣に古書店、カフェなどができ、深谷シネマが存在することで人が集まるようになった。昔の姿を遺すこのエリアで、深谷という街の物語をこれからも語り続けていく。

第 3 章 ◆ リノベーション

DATA

所在地：深谷市深谷町9-12 七ツ梅酒造跡	
TEL：048-551-4592	
開設年：2002年	
シアター数：1	

シネマネコ 東京 Cinema Neko

　東京都で唯一の木造建築の劇場であるシネマネコ。映画看板がひしめく映画館の街だった青梅。時代と共に街から姿を消した劇場を復活させようと、築約90年の国登録有形文化財をリノベーション。最新の上映設備と、木造の風合いを生かしたサスティナビリティが特徴だ。青梅を拠点とするアーティストや地域住民によるイベントも充実。飲食店も併せて経営しているからこそ出せるオリジナルカフェメニューは、見た目にも味にもこだわり鑑賞後の楽しみとなっている観客も多い。"誰かのお気に入りの映画館になりたい"という思いを胸に、自由で居心地の良い空間作りを心がけている。

第 3 章 ◆ リノベーション

❶ ロビー。大きな窓と梁、廃材を利用した壁が印象的。
❷ カフェには選書が光る本棚も並ぶ。
❸ コロナ禍に地元のアーティストが製作してくれたオブジェ。『ローマの休日』に出てくる真実の口のネコバージョン。口の部分に手を入れると消毒用アルコールが出る仕組み。
❹ カフェメニュー。地元商店街のパン屋さん手作りのネコ型パンを使用したフレンチトーストが人気。

DATA	
所在地：青梅市西分町3丁目123	
TEL：0428-28-0051	
開設年：2021年	
シアター数：1	

シネコヤ 神奈川 Cinekoya

　4年間続けていた月2回の上映イベントがきっかけとなり、鵠沼海岸駅からほど近い写真館跡地にシネコヤとしてオープンしたのは2017年。以来、この空間で鑑賞するという"体験"をインプットしてもらえるよう努力を続けてきた。20席という小さなシアターでも心地よく鑑賞できるよう、柔らかい明るさや身体で感じられる音響設備になっている。上映作品の世界観にちなんだワークショップや湘南エリアのアーティストの紹介、地元のショップとのコラボレーションも盛んで、鑑賞後も楽しみが尽きない。地域との絆を大切に、劇場と映画文化を未来へとつなげていく。

第 3 章 ◆ リノベーション

❶ 1階ブックカフェ。取材時は、映画『日日芸術』上映にあわせ、シネコヤ周辺エリアで創作活動を行う作家たちによる展示会が行われ、いつもとは違った雰囲気。右は不定期に行われるイベント、kafkaさんによる「映画館の本屋さん」の様子。
❷ 2階シアター前。天井の模様、照明、階段手すりの装飾は元の写真館のものが生かされている。
❸ 1階ショーウィンドーや窓の装飾、レトロな電灯看板にも写真館の面影が残る。

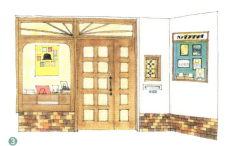

> **DATA**
>
> 所在地：藤沢市鵠沼海岸 3-4-6
> TEL：0466-33-5393
> 開設年：2017年
> シアター数：1

ガシマシネマ 新潟 Gashima Cinema

　金銀山の史跡を多く残す佐渡島、相川。風情ある京町通りの一角に佇む古民家映画館。映画館が姿を消して久しいこの島に再び映画の灯をともしたのは、東京のミニシアターで勤務経験のある店主の堀田さん。昭和10年代建造の鉱山住宅を家族とともにDIYで改装し、島内で集めた古い調度品も用途を変えて再利用した。月替わりの上映作品は話題の新作から往年の名作まで幅広い。併設のカフェスペースには映画関連の書籍が多数展示され、上映作品に合わせた「今月の本棚」コーナーも。佐渡特産の素材を使った食事に舌鼓を打ちながら、旅の足休めにブックカフェとしても利用できる。

第 3 章 ◆ リノベーション

❶ 上映スペース。アンティーク簞笥の上にスピーカーが置かれている。
❷ 喫茶スペース。古いミシン台のテーブルやラジオなど、一つひとつのインテリアにもセンスが光る。
❸ 入り口横にある御衣黄桜。咲き始めは黄白色で、徐々にピンク色に変化していくそう。シアター横の庭からは、時おり鳥やカエルの声が聞こえることも。
❹ 運搬用のおひつをブランケット入れにしている。

DATA

所在地：佐渡市相川上京町11
TEL：0259-67-7644
開設年：2017年
シアター数：1

75

おもちゃ映画ミュージアム 京都 Toyfilm Museum

　長年フィルムの発掘と復元に取り組んできた太田夫妻が 2015 年に創設。無声映画時代に流通していた 35mm フィルムのおもちゃ映画を中心に、映画の誕生につながる光学玩具や写真幻燈器を数多く収集、展示している。展示品の一部は手で触れて操作して、楽しみながら映画の仕組みを学ぶことができる。映画史にまつわる企画展や講演会、上映会やワークショップも積極的に開催。館長が大学で映画を教えていたこともあり、学生たちの映画制作・上映の支援も継続的に行う。京町家を改装した手作りの博物館は、映像文化の継承と交流の場として大切な拠点となっている。

第 3 章 ◆ リノベーション

▲内装は映画美術を担当していたベテランの方々が手がけた。

▲映写機など200点、保存した映像900本を所蔵し、地域の地蔵盆での上映会も行う。おもちゃ映画は手回し映写機を使って館内で観ることができる。

> **DATA**
>
> **所在地**：京都市中京区壬生馬場町29-1
>
> **TEL**：075-803-0033
>
> **開設年**：2015年
>
> **シアター数**：ホール有り

元町映画館 [兵庫] Motomachi Eigakan

　歴史ある神戸の映画文化を継承すべく立ち上げた、映画愛好家たち手作りの劇場。館内はスタッフがDIYで仕上げ、みんなで作る映画館として運営している。オープン当初から新進作家の作品を積極的に紹介。『ハッピーアワー』(濱口竜介監督) など神戸ロケ作品とも縁が深く、地元を舞台にした自主制作映画の配給も行う。学生有志による映画宣伝隊「映画チア部」は当館が発祥。その活動は京都や大阪にも広がり、各地で学生主体の上映企画が展開されている。イラストレーター朝野ペコさんが描く劇場オリジナルグッズやスケジュールチラシも好評だ。

第 3 章 ◆ リノベーション

❶ 朝野ペコさんのトートバッグと書籍「元町映画館ものがたり」。
❷ 映写室。改装前の商店の壁や床が残る。元の店舗の構造に空いた小さなスペースを活用している。

❶

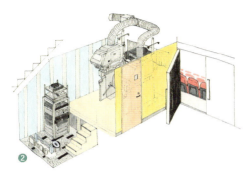
❷

DATA	
所在地：神戸市中央区元町通4-1-12	
TEL：078-366-2636	
開設年：2010年	
シアター数：1	

79

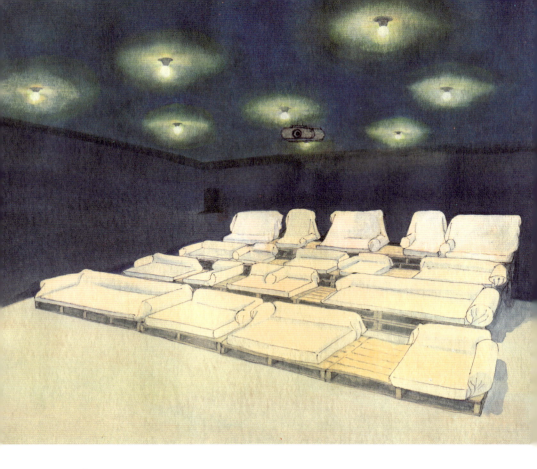

ジグシアター　[鳥取]　jig theater

　湖のほとり、丘の上にたたずむ廃校。その一角を改装し映画館を2021年にオープンさせたのは、大阪から移住した柴田さん・三宅さん夫妻。「戸惑い」をテーマに厳選した作品が期間限定で上映され、手作りのソファーでくつろぎながら鑑賞できる。毎月1企画に作品数を絞り込むことで地域の人たちが映画を共有しやすくなり、上映後はロビーだけでなく、近所のカフェや書店でお客さん同士が感想を語り合う場面も生まれている。独自の特集上映やゲストトークなども加え、1本1本の作品を深く丁寧に味わってもらえるよう心がけているという。

第 3 章 ◆ リノベーション

▶ DATA

所在地：東伯郡湯梨浜町松崎 619 3F
HP：https://jigtheater.com
開設年：2021 年
シアター数：1

漁港口の映画館　シネマポスト

[山口]　Cinemapost

　築50年を超える郵便局舎を改装し、下関漁港の入り口で2023年に開業。掲示板やカウンターなど郵便局時代の趣を残しつつ、シアター内は柔らかな色合いの絨毯やカーテンがモダンな雰囲気を醸し出す。東京での映画製作の仕事を切り上げ家業の郵便局を継ぎ、やがて映画館を作るに至った館主の鴻池さん。制作者ならではの視点で毎月2作品をセレクトし、それぞれ第1、第3週に上映。鑑賞を深めるトークの時間も設けている。商業映画だけでなく思索的なアート作品も含めて広い意味での娯楽として捉え、映画を生活の中に取り入れてもらえるよう心がけているという。

第 3 章 ◆ リノベーション

❶ 元郵便局舎だった雰囲気を感じてもらえるように、上映前はカーテンを開け、上映時に閉めている。
❷ 左：映画館、中央：住居、右：貸事務所。
❸ 扉や掲示板にも郵便局舎時代の名残がある。

DATA	
所在地：下関市大和町 1-13-7 海町ビル 1F	
TEL：083-242-1868	
開設年：2023 年	
シアター数：1	

シアター・シエマ 佐賀 Theater Ciema

　佐賀市中心部で閉館していた劇場をリノベーションし、2007年に誕生。3つあったスクリーンのうち1つをカフェ&イベントスペースに作り替え、映画を観ずとも立ち寄れる空間に。休日には落語会や音楽ライブなどのイベントも行われ、映画の観客やカフェ利用者らと多方向の交流が生まれている。毎回全国からファンが集まるインド映画祭は、映画の感想を共有するお茶会がきっかけで始まった。映画の見せ方を工夫し、シエマならではの体験を提供できるよう心がけているという。誰にとっても居心地のよい場所を目指して2021年には場内のバリアフリー化を進めた。

第 3 章 ◆ リノベーション

❶ カフェ・イベントスペース。元々あった劇場のスクリーンが撤去されずに残っている。
❷ 3階入口。
❸ 手作り感がある木製のタイムテーブル。
❹ テーブル付きの座席もあり、上映中にカフェメニューを飲食するのにもってこい。

> **DATA**
>
> **所在地**：佐賀市松原2-14-16
> セントラルプラザ3F
> **TEL**：0952-27-5116
> **開設年**：2007年
> **シアター数**：2

85

玉津東天紅　大分　Tamatsu Totenko

　レトロな街並みが残る「玉津プラチナ通り」の老舗パン工場を改装した、県北で唯一のミニシアター。横浜から移住した市川館長が、高齢者が楽しめる街づくりの一環として2017年に立ち上げた。行政の支援を活用し、市内会員（シニア）は500円という廉価な料金設定。毎週1作品、時間を固定して上映するなどお年寄りの通いやすさにこだわり、シニア層の来場者が全体の8割を超える。映画という娯楽の提供を主眼としつつ、フリーマーケットや文化教室の開催、喫茶店の運営を通じ、地域住民が日常的に顔を合わせる憩いの場としても愛されている。

第 3 章 ◆ リノベーション

❶ 数人で腰掛けることができるソファ席もある場内。
❷ 館長がまとめた、玉津東天紅の歴史が展示されているロビー。
❸ 大分県と豊後高田市の支援を受け、空き家を改装。看板など手作り感満載の映画館として生まれ変わった。今や店舗数も少なく寂しくなった商店街ににぎわいを取り戻す。

> **DATA**
>
> **所在地**：豊後高田市玉津380-2
>
> **TEL**：0978-25-4433
>
> **開設年**：2017年
>
> **シアター数**：1

Column-5
ヨーロッパ小国のアートハウス

チェコ映画研究
／富重聡子

Kino Laika

　ヨーロッパの小国では、アートとしての映画作品を、どんな劇場で見ているのでしょうか。ここに紹介するのは、チェコの映画研究を専門とする筆者による、ヨーロッパの王道からは少し外れたアートハウス*のリストです。共通して、ある種のヨーロッパらしさ、古いものや歴史が息づく風土を感じさせ、その土地の伝統によく根ざしているものが選ばれています。それぞれに個性が光り、ユニークな歴史をもった劇場の雰囲気をぜひ感じてみてください。

フィンランド [Kino Laika（キノ・ライカ）]

　アキ・カウリスマキと詩人の友人ミカ・ラッティが2021年に作った映画館。カウリスマキ本人が建設から内装までこだわって監修した独特の雰囲気に包まれる空間はファンにとっても新たなスポットであり、多くの人の関心の的だ。ヘルシンキから映画館があるカルッキラまでは車やバスで1時間ほどあるが、フィンランドに行けるならばぜひ足を延ばして立ち寄りたい場所だ。映画上映だけでなく、展示を行うスペースや、ホールに面したワインバー、コンサートができるホール、さらにはテラスなども併設しており、全体として複合的な文化施設になっている。映画を観るという余暇の過ごし方が食事やお茶などほかの楽しみと連動して、より充実したものになるというヴィジョンが体感される。

オランダ [The Movies（ザ・ムーヴィーズ）]

　アムステルダム中央駅から煉瓦造りの伝統的な建物が並ぶ通りを進むと、左手に見えてくるThe Moviesはアムステルダム最古の映画館。1912年創業当時の姿を残す劇場のほか、1970年代に新たに作られた3つのアールデコ様式の劇場を併設し、カフェやロビーを含め、細面のファサードから想像するには意外なほど奥行きのある空間が広がっている。アート系作品や、世界のドキュメンタリーなどを上映している。この小さな映画館は運河と煉瓦の狭い街並みによく溶け込んでおり、上映前になると、正面玄関前に自転車がたくさん停められ、街の人々が和やかに集まってくる。

オーストリア [ADMIRAL KINO（アドミラル・キノ）]

　1910年代初頭、ウィーンで数多くの新しい映画館が乱立する中で、1913年に創業した映画館。建築家ワーグナーによる建物内に開館し、1931年以降トーキー作品の上映へ移行、経営者がナチスによる政権掌握により国外に亡命するなどの困難に直面するも、経営者を交代しながら存続してきた。100年を超える歴史の中で、シュニッツラーなどウィーンの重要な作家もこの映画館に足繁く通っていたことがわかっている。2007年に深刻な経営難に陥った後、2008年からおよそ10年をかけてリノベーションを続け、現在では

---

*アートハウス、またはアートハウスシネマとは、映画をアートとして認識し上映する映画館。シネマコンプレックスなどとは一線を画すプログラムで、都市部（パリ、ロンドン、ベルリンなど）を中心に発展してきた。

Column

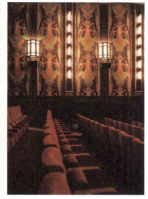

ウィーンのアートハウスシーンになくてはならない映画館のひとつになっている。主にヨーロッパのアート系作品を上映しており、近年では女性をテーマにしたプログラムが充実している。また、ストリーミング配信など野心的な試みにも果敢に取り組んでいる。

ギリシャ [Cinema Riviera]

アテネにはたくさんの野外映画館がある。パルテノン神殿からもほど近いエリアでありながら、古代の丘の雰囲気とは打って変わって現代的で日常的な光景が広がるエクサルヒアには、食堂やカフェ、バーが数多く立ち並び、ストリートアートなどもさかんであり、活気に満ちている。1969年、ここに開館したCinema Rivieraも人気のある野外映画館のひとつだ。夜になると通りに面した劇場のエントランスに灯りがともり、わらわらと老若男女が吸い寄せられてくる。筆者が訪れた日も満席で賑わっていた。木々に縁取られた中庭の中心に、スクリーンが据えられており、昼間の熱気が落ち着き、少し涼しくなった風にあたりながら仲間と映画を見ることができる。夜間上映のみであるため、映画が終わればもう深夜になっているのだが、通りへ流れ出ると、周りの店は朝方まで通りにテーブルを出して営業しているので、人々はそのままいつまでも語らい続けることができる。実際お喋りが止まらず、あたりに居留まる観客たちの姿をたくさん見かけた。議論好きのギリシアの風土にふさわしい映画鑑賞というのはこういうものなのだろう。

チェコ [Bio Oko]

プラハ7区はプラハ北部の高台に連なるエリアで、美術大学や見晴らしの良い大きな公園があり、比較的若者が多い。ここにある映画館 Bio Oko は、共産党時代に建てられたビルの1階に入居する、シングルスクリーンのアートハウスだ。近隣住民との距離が近く、シニア割引上映や、赤ちゃん連れ向けのベビー上映、ロビーのポップアップショップで購入した食事を持ち込めるフィルムブランチなどが企画され、レギュラー化している。また、チェコでは特別珍しいわけではないが、愛犬といっしょに映画を観ることもできる。よくしつけられた犬たちが映画館内で飼い主の傍に静かに腰をおろし、映画が終わって照明がつくと

立ち上がってなんでもない顔で退場していく。劇場ロビーやエントランス前の空間にはテーブルや椅子が並び、日がな人がくつろいでおり、街に開かれたこの映画館は地域によく溶け込んでいる。上映ラインナップは各国のアートハウス系作品、チェコ映画の新作およびレトロスペクティヴなど。なお、この映画館のもうひとつの楽しみは、上映前に映写室から中継が入ること。担当映写技師がスクリーンに顔を出して挨拶し、映画のタイトルを伝えてから、上映が始まる。これがたまらなくいい。

チェコ ［Kino Lucerna（キノ ルツェルナ）］

激動のチェコ現代史のさまざまな舞台となってきたヴァーツラフ広場から脇に伸びるトラムの通りに面して、第二次世界大戦前のきらびやかな第一共和国時代の姿を残すアーケードを持つ建物が並んでいる。その中のひとつにKino Lucernaがある。大小２つのスクリー

ンを備え、大劇場は453席、数々の作品の栄えあるプレミアが行われてきた。元々は創業者ミロシュ・ハヴェルが経営していた映画制作会社のプライベートな上映室だった小劇場は51席。2013年にリニューアルされ、チェコ映画史を彩るスターや貢献者、その他国際的な銀幕スターたちの顔ぶれが背に印刷されたユニークな客席が並ぶ。映画館のロビーには、逆さまの馬にまたがったプラハの守護神、聖ヴァーツラフ像が吊るされており、これもまた名物となっている。通常上映のほか、映画祭などの会場としても使用され、間違いなくチェコの映画文化の中心的な役目を果たしてきた。またこの建物の中には映画館のほか、コンサートホールや劇場もあり、文化イベントのハブとしても機能している。

スロヴァキア ［Kino Lumière（キノ リュミエール）］

首都ブラチスラヴァの中心地でスロヴァキア映画機構（SFÚ）が運営する映画館。元々は1976年に創設されたフィルムクラブの後継施設であり、チャップリンに由来するチャーリーセンターという名称であったが、2011年、キノ リュミエールへと改名された。2022年に発生したデジタルセンターの火災により、同じ建物内にある映画館も影響を受け、一度閉館、2024年に修繕が完了し、再オープンした。青を基調とした内装で、オリジナルのデザインを活かしつつ生まれ変わった。現在では4つのシネマを持ち、それぞれ40-200人ほどの収容人数である。主にスロヴァキア映画、ヨーロッパ映画、古典映画をプログラム上映しているほか、映画祭などイベントの会場にもなっている。

ポーランド ［Kino Iluzjon（キノ イルズィオン）］

ワルシャワ中心部の美しい公園のなかに静かに佇む国立映画アーカイブ（FINA）付属の劇場。初めて訪れた際には、東京で言えば日比谷公園のような年月を

Column

©Danuta Matloch

Kino Iluzjon ©Danuta Matloch

甲斐あって2016年に営業を再開したという復活劇を経ており、地元民に愛されてきた。映画を観なくても一杯飲みに寄ったり、お茶をしたりする場として訪れる人も少なくないようだ。各国の古典的な作品や、タル・ベーラらによるハンガリー国内の作品など、幅広くアート系の過去作品を上映している。同じくブダペシュトにある、きらびやかなウラニアやプーシキン映画館のような劇場と同様に100年以上の長い歴史を持ちながら、それらとは異なる趣を醸し出し、通りの片隅で映画をかけ続けてきたこの映画館には、この街の映画文化の息吹が宿っているようだ。

Bem Mozi

重ねた大きな木々に囲まれ、鳥の声が木立高くから聞こえてくるような安心感に包まれて、街中にありながらも喧騒から離れた素敵な空間に現れた映画館に感激し、心が躍ったが、そう感じるのはきっと筆者だけではないだろう。アーカイブの映画館とあって、レパートリーはクラシック作品が充実しているが、最新作も上映される。2つのスクリーンを備え、生演奏付きサイレント映画上映や、修復された映画のプレミアなど映画の上映のほか、マルチメディア作品の展示や、トークイベントなど、日々さまざまなプログラムが展開されている。

ハンガリー ［Bem Mozi］
          ベム・モズィ

ブダペシュトにあるシングルスクリーンの名画座。1908年に創業したヘリオスという映画館が前身で、20世紀初頭の風情を残すトラム通りの角地に立つ。小さな映画館ながら、2009年に一度閉館した後、運動の

第4章 ◆ フィルム上映

上映機会が失われつつある
フィルムでの上映を守り続け、
未来へとつなぐ映画館

上田映劇 　長野　 Ueda Movie Theater

　1917年、芝居小屋として創業。昭和に入って映画専門の劇場となり全盛期を迎えるが、シネコン台頭の影響を受け2011年に一時閉館。復活を目指し活動するなかで文化拠点としての重要性が再認識され、2017年の創立100周年を機に定期上映が再開。現在はNPO法人が運営している。大正時代から残る貴重な建造物は数多くの映画のロケ地になった。映画館を地域資源として活用してもらおうと、地域のNPO法人らと協働で、学校に行きにくい子どもたちに向けて上映会を開催したり、映画館の仕事を手伝ってもらいながら劇場で過ごせる居場所づくりを行っている。

第 4 章 ◆ フィルム上映

❶ 大正時代から残る天井と舞台。格天井は関東大震災で焼けてしまう前の帝国劇場と同じ造り。
❷ 映画を観ない方にも立ち寄ってもらえるように、雑貨や映画関連グッズの販売を行っている。県内の古書店「書麓アルプ」による書籍の販売も。
❸ ロビー。映画を観なくても立ち寄れるカフェ「重澤珈琲」もある。

> **DATA**
> 所在地：上田市中央2-12-30
> TEL：0268-22-0269
> 開設年：1917年（定期上映再開2017年）
> シアター数：1

ミッドランドスクエアシネマ

愛知　Midland Square Cinema

　1955年に単館映画館として開業し、現在は大型商業施設で2館合わせて14スクリーンを展開。中部地方で初めてドルビーシネマを導入、全席がオリジナルのレザーシートと大規模館ならではの豪華な映画体験が味わえる。フィルムの良さを知ってもらおうと、昔ながらの35mmフィルムでの上映も実施。独自のアート・アニメーションレーベルや、全国から応募された短編映画を幕間に上映する映画祭を通じ、若い才能の発掘にも力を入れる。お笑いライブやバックヤードツアー、予告編大会、観客の持ち込み企画の受け入れなど、映画館の新しい可能性に挑戦している。

第 4 章 ◆ フィルム上映

◀ ロビーは『ジュラシック・パーク』をイメージ。カーブした柱は恐竜のあばら骨で、ジャングルの木漏れ日のように光が差し込む。

❶ シアター 1、8、9 の最前列はリクライニングシート。スクリーン 5（ドルビーシネマ）以外の全スクリーンに、地元企業であるトヨタ紡織との共同開発によるプレミアムシートを設置。座席は高級車と同じシートを使用し、ひじ掛け部分は飛騨の国産杉を使用。

❷ 映写室。

❸ ドルビー専用 3D メガネ。

❹ プレミアムシート。

> **DATA**
>
> **所在地**：名古屋市中村区名駅 4-7-1
> ミッドランドスクエア商業棟 5F
>
> **TEL**：052-527-8808
>
> **開設年**：2007 年
>
> **シアター数**：14

ロイヤル劇場　岐阜　Royal Theater

　エントランスの切り出し絵看板や昔懐かしい駄菓子が並ぶ売店がノスタルジックな情緒を醸し出しているロイヤル劇場の強みは、昭和の作品を35mmフィルムで上映し続けていることだ。2009年より続く「昭和名作シネマ上映会」は入場料金600円均一。入れ替えもなく、今ではほとんど失われた"一日中劇場で楽しむ"というスタイルが可能だ。35mmフィルムに親しんだシニアはもちろん、多くの観客に喜ばれる幅広いジャンルの番組編成も魅力的。映写室の見学も歓迎しているので、デジタル上映に慣れた若い世代もぜひ足を運んでほしい。

第4章◆フィルム上映

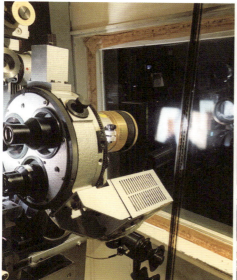

DATA

所在地：岐阜市日ノ出町1-20

TEL：058-264-7151

開設年：1977年

シアター数：1

99

シネ・ヌーヴォ [大阪] Ciné Nouveau

　映画愛好家の協力により立ち上がり、劇団・維新派が内装を手がけた歴史ある劇場。2006年「ヌーヴォX」増設に伴い2スクリーン体制に。監督や俳優に焦点を当てた回顧上映を柱に、インディペンデント映画の新作も積極的に紹介している。上映作品は年間約500本。若手スタッフの企画も取り入れながら、映画を通じて人と社会とが出会う場となるよう心がけているという。「劇場のプログラムは映画という点と点の集まり。お客さんが思い思いに線を結んでくれたら」と山﨑支配人は語る。地域とのつながりも深く、本屋と連携した書籍の販売や企画なども行っている。

第 4 章◆フィルム上映

❶ 地下世界へ誘うようなエントランス。劇場を建設しては更地に戻すという「一回性」にこだわった野外劇集団・維新派による造形が今に残る貴重な建造物だ。
❷ 近所の本屋「MoMoBooks」の出張コーナー。上映作品にあわせたセレクトが光る。

DATA	
所在地:大阪市西区九条1-20-24	
TEL:06-6582-1416	
開設年:1997年	
シアター数:2	

101

プラネットプラスワン 大阪 Planet Plus One

　映画愛好家たちが始めたプラネット映画資料図書館の上映室として、1995 年に設立。「フィルムで上映するのが映画」と語る富岡支配人は、時代や国を問わずあらゆるフィルムに対応できるよう映写機を修理・改造し、往年の名作を映画ファンに届けている。日本未公開作品には字幕も自前で制作。まっさらな状態でお客さんに映画を発見してもらうべく、監督特集などの枠組みはあえて設けないという。若年層も気軽に足を運べるよう、無声映画にはピアノやバイオリンの生演奏、語りをつけての上映も積極的に取り入れ、選曲から脚本まで支配人自ら演出を行っている。

第 4 章 ◆ フィルム上映

❶ フランス、ベルギー、アメリカ、イタリアなどの小規模な映画小屋で使われていた椅子を使用している。クラシックな作品を見るのにぴったりな雰囲気だ。
❷ 長く使用できるように一部改修された映写機。
◀ 夜は2階の窓に光る「CINEMA」のネオンが劇場の目印。建物左手の扉を開け階段を上がると壁に並ぶ映画写真や映画ポスターが出迎えてくれる。

DATA	
所在地：大阪市北区中崎 2-3-12 パイロットビル2F	
TEL：06-6377-0023	
開設年：1995年	
シアター数：1	

103

神戸映画資料館 兵庫　Kobe Planet Film Archive

　20,000本以上のフィルムを収蔵する、国内最大規模の民営アーカイブ施設。1974年に大阪の映画愛好家たちが立ち上げたプラネット映画資料図書館を前身に、2007年に現在の資料館が開館。安井館長が個人で収集した膨大なフィルムの中から多くの幻の映画が発掘されてきた。現在はNPO法人が運営。チラシなどの資料整理はボランティアに支えられる。併設のシアターは16mm/35mmフィルム映写機を備え、収蔵する古典映画のほか、先鋭的な新作も積極的に紹介。知られざる作品や、フィルムアーカイブの意義を伝えるドキュメンタリー作品の配給なども行っている。

第 4 章 ◆ フィルム上映

❶ 映画雑誌を閲覧しながらゆっくりできる喫茶スペース。喫茶スペースのみの利用も可能。
❷ 野外上映会「キッズ映画会 in 新長田」の様子。普段専門家しか観ないような映画を、地域の皆さんに観てもらう機会として、無声映画の活弁・伴奏付き野外上映を開催。子どもだけでなく老若男女が集まり好評だったそう。

DATA

所在地：神戸市長田区腕塚町5-5-1
アスタくにづか1番館北棟2F 201
TEL：078-754-8039
開設年：2007年
シアター数：1

105

福岡市総合図書館映像ホール・シネラ

福岡

　福岡市総合図書館内の上映施設。併設のアーカイブには日本映画の古典から郷土の映像資料、アジア各国の名作など数千本に及ぶフィルムと関連資料を収蔵。アジア映画の研究・情報発信拠点として、他所では見る機会の少ないアジア作品を中心に上映している。鑑賞料金は一般 500 円／シニア 250 円からという公共施設ならではの低い設定。来場が難しい人のため市内各地の公民館で出張上映も行う。現在は製作されていないフィルム映写機のメンテナンス方法を独自に開発し、貴重な文化財であるフィルムを末長く上映できるよう努めている。

第4章◆フィルム上映

◀ エントランスホール。正面入口を入り目の前に図書館、左手に進むとホール・シネラがある。
❶ 映像ホール。場内、ロビー、休憩スペースの所々に大理石が使われており豪華な雰囲気。

DATA	
所在地：福岡市早良区百道浜3-7-1	
TEL：092-852-0608	
開設年：1996年	
シアター数：1	

107

本渡第一映劇 熊本 Hondo Daiichi-Eigeki

　ステンドグラスとタイル張りの外壁が目を引く老舗の劇場。場内に所狭しと並ぶ映画ポスターが訪れる者の目を楽しませる。週替わりで新作・話題作を紹介するほか、年数回の「市民シアター」では天草ゆかりの作品などを35mmフィルムで上映。映写機のカタカタという響きを好み、映写室に近い2階席を選ぶお客さんも。同じビルで映画にちなんだメニューを提供する喫茶「プリシラ」の店主は、「映画館とともにある店を」との思いからこの場所で店を開いたという。高倉健ら往年のスターも訪れた歴史ある劇場は、映画ファンのみならず多くの市民を惹きつけている。

第 4 章 ◆ フィルム上映

❶ 劇場内。スクリーン両脇には、かつて劇場に訪れたこともある高倉健、千葉真一の等身大パネルが置かれ、鑑賞気分を盛り上げてくれる。座席は、映画『今夜、ロマンス劇場で』に出てくる映画館の椅子と同じだそう。
❷ 劇場手前にある映画ギャラリーでは、映画館所蔵の映画ポスター、パンフレット等を閲覧できる。映画の知識が豊富な館主柿久さんは、常連客の森本さんがパーソナリティを務めるコミュニティFM「みつばちラジオ」に不定期で出演中。

DATA	
所在地：天草市栄町5-23	
TEL：0969-23-1417	
開設年：1998年	
シアター数：1	

桜坂劇場 　沖縄　 Sakurazaka Theater

　那覇市中心部で2005年に誕生したミニシアター。上映ラインアップにはアート系を中心に多彩な作品が並び、昔ながらの35mmフィルムでの上映回も。一年間映画が観放題となるパートナーシップ、23歳以下対象のユースパスなど通いたくなる会員制度が充実。沖縄の雑貨・工芸品を扱うセレクトショップとカフェが併設されており、誰でもふらりと立ち寄れる空間に。音楽ライブなどのイベントも盛んに行われ、体験型ワークショップ「桜坂市民大学」には映画や伝統芸能に関する100以上の講座が揃う。映画館の枠を超えた芸術文化の継承・発信拠点となっている。

第 4 章 ◆ フィルム上映

❶ 1階は古本や雑貨販売、2階は焼き物や琉球ガラスのセレクトショップ「ふくら舎」が入っている。「桜坂市民大学」で長年続けられていた"看板絵描き講座"の生徒さんの絵が上部の壁に飾られている。
❷ 映写室。スタッフのお子さんが描いた可愛い絵があちこちに貼られていて和む。

DATA	
所在地：那覇市牧志3-6-10	
TEL：098-860-9555	
開設年：2005年	
シアター数：4	

横浜シネマリン 神奈川　Yokohama Cinemarine

　横浜・伊勢佐木町の老舗映画館「横浜シネマリン」。映画全盛期に「イセザキシネマ座」としてスタートし、2014年にフィルムもデジタルも上映できるミニシアターに生まれ変わった。「柳下美恵のピアノ de フィルム」は、すべてサイレント映画を35mmフィルムで上映し、ピアノの即興生伴奏がつく人気シリーズだ。また、自慢の音響設備はライブハウス用のスピーカーを使用し、その迫力と繊細さは他館では味わえない。学生向けのワンコインキャンペーンや地元飲食店とのコラボに加え、「誠実で明るい接客」というサービスの基本も忘れない。努力を怠らない堅実な経営も魅力だ。

> **DATA**
> 所在地：横浜市中区長者町6-95
> TEL：045-341-3180
> 開設年：1964年（前身の「花月映画劇場」は1954年）
> シアター数：1

第 4 章 ◆ フィルム上映

シネマ・ジャック＆ベティ 神奈川 Cinema Jack＆Betty

「名画座」時代から72年という歴史を持つシネマ・ジャック＆ベティ。地域とのつながりを重視し、近隣商店とのチケット半券提示サービスから上映会の開催まで多彩な相互交流で地元を盛り上げている。毎月開かれる支配人との交流会「ジャック＆ベティサロン」など参加型イベントも活発だ。韓国・仁川(インチョン)のミリム劇場との共同企画や、「よこはま若葉町多文化映画祭」など、映画を通し多様性を分かち合うイベントには、都内からも通うファンも。数少ない35mm映写機の設置劇場として今後はフィルム上映にも力を入れるなど未来に映画を渡すために模索しつつ観客に向き合い続けている。

DATA
所在地：横浜市中区若葉町3-51
TEL：045-243-9800
開設年：1991年（前身の「名画座」は1952年）
シアター数：2

鎌倉市川喜多映画記念館 [神奈川] Kamakura City Kawakita Film Museum

　映画の発展に貢献した川喜多長政・かしこ夫妻の旧宅跡に開設された記念館。監督や俳優、衣裳、音楽、ポスターデザインなど多彩な切り口で映画史を捉えた展示と上映を行う。恒例の特集上映「かまくら世界映画週間」は、映画を通じた国際交流という川喜多夫妻の理念を継ぐ企画。地元が舞台の映画やロケ地を紹介する冊子「鎌倉映画地図」や、映画ゆかりの地を歩く「散策ツアー」も好評で、観光客がローカルな映画文化に触れ、地域住民が鎌倉の魅力を再発見する機会に。フィルムによる上映や子ども向けの上映会・ワークショップを通じ、映画文化の保存と継承に力を入れる。

> **DATA**
>
> **所在地**：鎌倉市雪ノ下2-2-12
>
> **TEL**：0467-23-2500
>
> **開設年**：2010年
>
> **シアター数**：1

ラピュタ阿佐ヶ谷 [東京] Laputa Asagaya

"忘れ去られたプログラムピクチャーの発掘と上映、その魅力を全力で伝える"がモットーのラピュタ阿佐ヶ谷。監督や俳優、撮影所など様々な特集上映で、日本映画黄金時代の名作だけでなく埋もれた作品も届け続けてきた。上映作品はほぼすべて35mmフィルム上映で、16mmフィルム映写機も健在。映写室の貴重な様子を大きな映写窓を通して場内から見ることができ、鑑賞後の楽しみにしている来場者の姿も。特集上映にあわせた関連書籍や銀幕スタアのブロマイド販売、公開当時のポスターやプレスシートの展示や昭和歌謡が流れるロビーも気分が盛り上がる。

DATA
所在地：杉並区阿佐谷北2-12-21
TEL：03-3336-5440
開設年：1998年
シアター数：1

国立映画アーカイブ

 National Film Archive of Japan

日本で唯一の国立映画専門機関として映画の保存・研究・公開を通じ映画文化の振興をはかる国立映画アーカイブ。"三角窓"がアイコニックな京橋本館は、昭和期を代表する建築家の芦原義信氏の設計だ。国内外の映画関係団体や専門家と連携し映画の保存や教育、交流に力を入れ、館内での上映・展示、図書室での公開、ならびに館外利用者への貸出・複製利用・特別観覧などによる所蔵品の公開に取り組む。一方「こども映画館」の開催など、幅広い観客層へ学びも提供する。フィルムの保存にも配慮した上映に加え、正確な映写技術にも信頼が厚い。

画像提供：国立映画アーカイブ

DATA
所在地：中央区京橋3-7-6
TEL：050-5541-8600
開設年：1970年
シアター数：2

109シネマズプレミアム新宿　東京

109Cinemas Premium Shinjuku

　新宿・歌舞伎町の新たなランドマークである東急歌舞伎町タワーにある109シネマズプレミアム新宿。ラグジュアリーなプレミアムシートはもちろん、坂本龍一氏監修による音響システム「SAION -SR EDITION-」を全シアターへ搭載。極限までリアルな音を追求したことで、ここでしか味わえない上質な鑑賞環境を実現した。最新の技術だけでなく、古くからの映画館街・新宿を体現する35mm映写機も完備。映画館へ足を運ぶ機会が少なくなりつつある現代に新しい映画鑑賞体験を提供し、「映画館で観る」ことの喜びを伝えようとしている。

> **DATA**
> 所在地：新宿区歌舞伎町1-29-1
> 東急歌舞伎町タワー 9-10F
> **TEL**：0570-060-109
> **開設年**：2023年
> **シアター数**：8

目黒シネマ

東京

**M e g u r o
C i n e m a**

　映画館での鑑賞にプラスαを持ち帰ってもらいたいという心意気が詰まった、展示や館内装飾が目に飛び込むロビー。時には劇中の舞台装飾が再現され、ポイントカードには作品ごとに変わる消しゴムスタンプを捺印し、チケット兼ラインナップ紹介のリーフレットも手作りする。観客を飽きさせず映画という文化に興味を持ってもらうため、番組編成では人気作はもちろん、特定のジャンルにとらわれない上映や二本立てならではのユニークな組み合わせを心がけているという。スタッフのクリエイティブ精神とおもてなしに溢れた劇場で、気分はすっかり映画の中の住人だ。

DATA

所在地：品川区上大崎2-24-15 目黒西口ビル B1F	
TEL：03-3491-2557	
開設年：1975年	
シアター数：1	

早稲田松竹 東京 Waseda Shochiku

　高田馬場の老舗映画館、早稲田松竹。新旧にとらわれない2本立上映に加え、近年はレイトショーやモーニングショーといった特別興行もスタート。組み合わせによる発見を楽しむ観客も多い。コアな映画ファンから地域住民まで根強く支持されている、早稲田大学映像制作実習とのコラボレーション上映もここならではの企画だ。35mmフィルム作品への思いも強く、全スタッフがフィルムのセッティングを行なうことも強みだ。映画の楽しみ方が多様化した現代にあって、それでも映画館という場所で映画を楽しみたいという観客を信頼しながらこれからも上映を続けていく。

DATA	
所在地：新宿区高田馬場1-5-16	
TEL：03-3200-8968	
開設年：1951年	
シアター数：1	

Column-6
映写室のうつりかわり

映写技師 / 神田麻美

　私たちが映画館で観る映画は、その誕生から100年以上の間、フィルムだった。2010年頃より映画は35mmフィルムからDCP[※1]というデジタルの上映メディアに移行していき、映画を見せる装置が劇的に変わった。

　今でも名画座などで上映されているがフィルムはとても傷つきやすい素材で、温度や湿度によって劣化するという繊細な性質を持っている。映写技師は上映前にフィルムの端を指で触れながら壊れた箇所がないかチェックし、フィルムが映写機内をスムーズに走行するために、様々な道具を使って壊れた箇所を直す。また上映中は映写機の振動やフィルムの状態によってフォーカスがずれることがあり、時折画がぼけてないか確認し調整する。フィルムは「もの」であり、良くも悪くも映写技師が映画の品質を左右する。一転してデジタル化により、上映の間、映写機につきっきりで行う作業はなくなった。

　デジタルは一瞬でデータが消えるという怖さもあるが、きちんと管理すれば劣化しない便利なツールだ。映画を作る・映す装置が変わり、いつしかほとんどの映写室から「技師」と呼ばれる人がいなくなった。しかし古くからある映画館にはフィルム映写に使われる道具たちが鎮座していて、長い映画の歴史とそれを支えてきた人の気配を感じさせてくれる。

　ここでは映写室にある、フィルム映写に必要なものたちを紹介していく。

フィルムと映写機

◆35ミリフィルム本編

　35mmフィルム本編は1巻10〜20分ほどあり、90分の作品であれば5〜8巻程度になる。1巻400〜500mの長さになるフィルムが「コア」「巻き芯」と呼ばれる芯に巻きつけられており、1巻ずつフィルムケースに収納されている。国内の配送は、コンテナバッグと呼ばれる専用の袋にフィルム缶を重ねて梱包し、配給会社から映画館へ、または映画館から映画館へ運ばれる。

◆映写機

　映写機にフィルムをセットし走行させると、ランプの光がフィルムに当たり、そこに焼き付けられた画がレンズを透過し拡大され、スクリーンに映し出される。昔ながらの方式では2台の映写機を使って1巻ずつ交互に映写する。近年では、事前にフィルムを編集台でつなげて映写するシステムにより、フィルムを掛け替える手間が省けた。

※1 デジタルシネマパッケージの略

Column

フィルム上映の準備に必要な道具

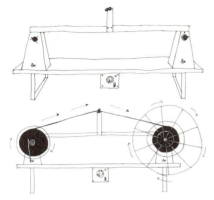

◆リワインダー

　フィルムを「リワインド（巻き戻し）」する装置。編集台とも呼ぶ。上映後は巻末が出るので、次の上映のために巻頭に戻す必要がある。フィルムチェックや補修、編集作業にも使う。映写室ではフィルムの巻き戻しを、「巻き返し」と呼ぶことが多い。

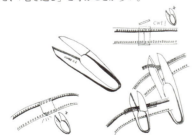

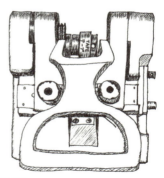

◆和バサミ

　フィルムをカットするだけでなく、テープによる補修など細かい作業に使用する。海外では小さな洋バサミを使用している。

◆スプライサー

　フィルムをフレームに沿ってカットし、専用のテープでつなぎ合わせるための道具。フィルムの編集作業や、補修に使用する。

121

◆ベンジン、手袋

　フィルムに付いた汚れを落とすために、映写室では薬局等で入手しやすいベンジンがよく使われる。フィルムに指紋が付着すると薬品で拭いても落ちなくなってしまうため、フィルム表面に触る作業時は白手袋を使うことが推奨されている。

◆フィルム予告

　フィルム時代、本編上映前に流れる予告は、小さな箱に入れられて各劇場に送られていた。予告数本と本編を、スプライサーを使ってつなぎ合わせるのも映写技師の仕事だった。

映画フィルムの仕組み

　パラパラ漫画のように1コマ1コマ少しずつ動く画が、トーキーは1秒24コマ（フレーム）の速さでスクリーンに投影される。それ以前のサイレント映画は1秒16～20フレームが多く、当時の映画を自然な動きで見せるために、今でも一部の名画座やシネマテークは速度調整可能なフィルム映写機を設置している。

　なお画のすぐ横にサウンドトラックと呼ばれる音の信号があるが、この方式が主流となるまでサイレトフィルムではこの部分にも画が焼き付けられていた。さらに技術が進化し、わずかな隙間に「ドルビーデジタル」などのデジタル信号を入れるようになった。

ドルビーデジタル
サウンドトラック（アナログ）

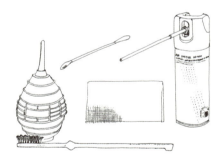

◆映写機の掃除道具

　フィルムやレンズに汚れが付くと、それがスクリーンに映し出されたり、傷付いてしまったりするため、映写機周りは清潔に保つ必要がある。エアダスターでホコリを飛ばしたり、ウエスやガーゼで汚れを拭きとったりする。また映写機にはフィルムを送るための歯車があり、ギザギザした歯の汚れを落とすために歯ブラシを使う。

Column

映写室の一日 [上映までの流れ]

上映の前日まで

1. 上映素材が配給会社より送られてくる
[DCP / Blu-ray / フィルムなど]

2. 素材のチェック
◆デジタル：DCPはハードディスクなどで送られてくるので上映用の再生機材に移し替える。Blu-rayはフリーズしないかどうか再生チェック！
◆フィルム：補修・編集作業。劣化が進んでいて上映できない場合も…

3. スクリーンサイズ、音フォーマットの確認

2.~3.＝上映時間と同じくらいか、それ以上かかることも

4. 試写。映像、音量や音質の確認
（音は衣服等に吸収されるため、観客数が多い上映回は、試写で決めた音量より小さく聞こえる場合がある）

上映当日

1. 映写機、映写室の清掃、上映機材の立ち上げ

2. スクリーン、音フォーマットの設定
◆デジタル：スクリーンサイズとともに、テストチャートで事前にフォーカスを合わせておく
◆フィルム：フォーカスは仮で合わせておく。フィルムの場合、音のフォーマットが何種類かあるので上映作品に合わせる

3. 上映作品をセッティング
◆デジタル：DCPは事前に再生リストを作成しておけば、クリックひとつで予告～本編まで再生可能。作品によっては、配給会社がKDM（暗号鍵）で指定した日時しか再生できない。
◆フィルム：フィルムを映写機にセットし、スタート位置に合わせてスタンバイ

1.~3.＝60～90分程度

4. 上映スタート
◆デジタル：暗転、再生。上映時刻になると自動で再生する劇場も。
◆フィルム：暗転、映写機をスタート。スクリーンに画が映ったらフォーカスやフレーミングを確認する。

5. 上映中
◆デジタル：映写室に人が不在の場合もある（映写室がない映画館もある）
◆フィルム：フィルムの掛け替えや、フォーカス調整、フィルムが切れることなどを想定し、基本的につきっきりの作業。切れたら修復し再開する。

123

第5章 ◆ジャンル外個性派

設立背景や上映以外の取り組み、
内装のユニークさなど、
決して枠にはまらない、
一味違う映画館

シネマディクト 青森 Cinemadict

　1954年、「奈良屋劇場」の名で創業。祖父、そして父を経て谷田館長が家業を継いだのは90年代後半のこと。シネコンが台頭するなか改築再オープンし、シネマディクトへ改称した。配給会社や製作者とのつながりを大事に、上映作品は幅広く取り揃えている。常連客の提案で始まった寄席は年に複数回行われる人気イベントに。成人指定の「バレ噺の会」は落語ファンから大きな反響を集めた。映画宣伝・製作者の叶井俊太郎さんから生前かけられた「やめないでね」の言葉が忘れられないという谷田館長。多様なイベントを取り入れながら老舗映画館は映画をかけ続ける。

第５章◆ジャンル外個性派

◀150席のルージュ館。シネマディクト寄席、柳家喬太郎さんの会。出演者は最終的に落語好きな谷田館長が選出。二つ目時代から来てもらっていた噺家さんが、今では皆一流の売れっ子落語家になっている。

❶ 1階から3階までの階段には、これまで上映した映画のポスターが張り巡らされている。

❷ 55席のノアール館。スクリーンカーテンが可愛らしい。

❸ ロビーにさりげなく置かれた飴やお花に気持ちが和む。

DATA	
所在地：青森市古川1-21-18 3F
TEL：017-722-2068
開設年：1997年
シアター数：2

シネマチュプキタバタ

東京　CINEMA Chupki TABATA

　"自然の光"を意味するアイヌ語を冠したシネマチュプキタバタ。月や太陽の光が誰にでも平等に降り注ぐことから、すべての観客が映画を楽しめることを目指すユニバーサルシアターだ。こだわりは音づくりで、独自の「フォレストサウンド」はマニアも唸るほど。全席に設置されたイヤホンは、音声ガイドに加え、難聴の方は本編の音が聴ける仕様だ。劇場自らが取り組む字幕制作や音声ガイド検討会には監督も当事者も参加し、相互理解の架け橋の役割も果たす。日々視点のアップデートを欠かさない劇場運営は、ロールモデルとして国内外から見学に来る関係者も多い。

第 5 章◆ジャンル外個性派

❶ スクリーン周辺や壁の装飾、ぬいぐるみなどは音の反響を防ぐ効果がある。2023 年にリニューアルした赤い椅子は、キネット社のオーダーメイド。
❷ ロビー。壁や天井に描かれたチュプキの樹の葉っぱには、人の輪が広がっていくようにとの願いを込め、支援者の名前が記載されている。

DATA

所在地：北区東田端 2-8-4
マウントサイド TABATA
TEL：03-6240-8480
開設年：2016 年
シアター数：1

新潟・市民映画館　シネ・ウインド

[新潟]　Cine Wind

　1985年、地元の名画座閉館を機に市民出資で作られたミニシアター。多くの会員がボランティアとして作品選定やチラシ・会報制作に携り、市民参加型の劇場運営が行われている。新潟出身の小説家・坂口安吾の足跡を学ぶ「安吾の会」事務局も兼ね、文学、演劇、落語、音楽など分野を越えた交流が生まれる場となっている。小中学校での出張上映や自殺防止のための勉強会、地域振興券の推進活動など、県の社会的課題解決にも広く取り組む。まもなく迎える開館40周年を前にさまざまな地域コミュニティへの取材を重ね、県内の映画制作・上映史の編集を進めている。

第 5 章 ◆ ジャンル外個性派

❶ 開館当初から現在まで続く会報誌「月刊ウインド」はシネ・ウインドの心臓部。ロビーには映画関連書籍が並び、会員への貸出も行なっている。
❷ ロビーに浮かぶ張子のトキ。
❸ 前方、後方で異なる形の座席は、市民から寄付を募り2019年にリニューアルされたもの。

❷

❸

DATA	
所在地：新潟市中央区八千代2-1-1 万代シテイ第2駐車場ビル1F	
TEL：025-243-5530	
開設年：1985年	
シアター数：1	

131

伊勢進富座 三重 Ise Shintomi-za

　昭和初期に芝居小屋として興された歴史ある劇場。映画館としての営業は戦後に始まり、屋号や形態の変遷、一時的な閉館を経て、2002 年に「進富座」の名を復活させ再オープン。現在の本館は 1980 年、別館は 82 年の完成。芝居小屋時代の番付が残されるなど、近代演芸史の痕跡が今も刻まれている。良い映像と音響にこだわり営業を続けてきた先代の水野さんは、「お客さんが映画を見て感動したり、楽しんでいる姿を見るのが館主としての喜び」と語る。代々受け継がれた家業は 2024 年に 5 代目の手に渡り、まもなく 100 年の節目を迎えようとしている。

第5章◆ジャンル外個性派

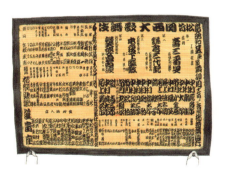

DATA
所在地：伊勢市曽祢2-8-27
TEL：0596-28-2875
開設年：2002年
シアター数：2

シネマ尾道 広島 Cinema Onomichi

　数々の名作の舞台となった「映画のまち」尾道。一度は映画の灯が途絶えるも、映画館復活を目指して自主上映会を重ねた若者たちの活動が、2008年にシネマ尾道という形に結実。アート系から商業映画まで幅広く上映する中で着実に地域にファンを増やしてきた。尾道の街並みと劇場の魅力に惹かれ、映画の舞台を巡りながら来場する観客も多く、映画の作り手たちもこぞって足を運ぶ。学生対象の『東京物語』鑑賞教育や、映画制作から宣伝配給までを体験できる子ども向けのワークショップなど、未来の観客を育み、地域から文化発信する取り組みにも力を入れる。

第 5 章◆ジャンル外個性派

❶❷ 建物は2001年に閉館した映画館を利用。できる限り昭和の内装を残している。「尾道は『東京物語』や大林宣彦作品を生んだ、映画の作り手が憧れる街。映画の後には海のある景色を眺め歩き、この街の魅力を感じてほしい」と河本支配人は語る。スケジュールチラシはじっくり見てもらえるようにと手書きで作成。商店街を中心にスタッフが手配りで届ける。

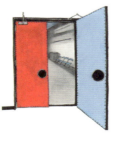

DATA	
所在地	尾道市東御所町6-2
TEL	0848-24-8222
開設年	2008年
シアター数	1

135

八丁座　広島　Hatcho-za

　東映京都撮影所から譲り受けた襖や扉、行燈が随所にあしらわれた絢爛たる和の劇場。江戸時代の芝居小屋をイメージした内装は広島出身の映画美術監督、部谷京子氏が手がけた。理想的な鑑賞環境を追求したソファ席は地元の家具メーカー、マルニ木工の特注品。広島づくしにこだわった唯一無二の空間でゆったりと映画の世界に浸ることができる。蔵本館主自らお客さんと映画を語らう「シネマ de トーク」は月に1度の恒例企画。毎年8月6日前後には平和をテーマにした特集上映を行う。映画の受容のあり方が多様化する時代に、映画館ならではの体験創出に挑戦し続けている。

第5章◆ジャンル外個性派

❶ シアター壱。
❷ シアター弐。シアター壱、弐共に座席の前にテーブルが設置され、隣接したカフェのメニューを飲食可能。
❸ 受付に掲示されている手書きの番組表。
❹ シアター壱テーブル席からの眺め。
❺ 時代劇小道具の肘掛けを再利用した畳席。

DATA
所在地：広島市中区胡町6-26
福屋八丁堀本店8F
TEL：082-546-1158
開設年：2010年
シアター数：2

137

サロンシネマ 広島 Salon Cinema

　広島の中心市街地で半世紀以上にわたり映画の灯をともし続ける興行会社「序破急」の最新館。姉妹館の八丁座（p.136）と同じく部谷京子氏が手がけた内装は、映画館の原点である活動写真館がモチーフ。レトロとモダンが巧みに調和した空間となっている。開放感のあるロビーでお客さんを出迎えるのは、おそろいの半纏をまとったスタッフと、イラストレーター宮崎祐治氏が描く映画の名場面の数々。各回上映前にはスタッフが弁士台の前に立ち作品を紹介。「お客様に映画を届けるのが映画館の役目」と語る支配人蔵本さんとスタッフの思いが詰まった演出だ。

第 5 章 ◆ ジャンル外個性派

◀ 赤い椅子は旧「タカノ橋サロンシネマ」の椅子を特注で再現。各座席には映画のセリフが記載。1席ごとに異なるセリフは戸川部長がチョイスしたそう。選んだ席によって、その時の自分へのメッセージのように感じられるかも?!
❶ 最後列には靴を脱いで上がる掘りごたつ席がある。
❷ 弁士台

DATA

所在地：広島市中区八丁堀16-10 広島東映プラザビル 8F	
TEL：082-962-7772	
開設年：2014年	
シアター数：2	

横川シネマ 　広島　　Yokogawa Cinema

　商店街の一角で長年営まれてきたミニシアター。他館でレイトショーの自主上映を行っていた溝口さんが支配人となり、1999年にリニューアルオープンした。思わず目を止めてしまう外壁画は、グラフィティ・アーティストのSUIKO氏による作品。上映はインディペンデント映画が中心。サブカルチャー色濃厚な横川にふさわしい、エッジの利いたプログラムとなっている。地元の若手作家による自主制作映画の発表の場や音楽ライブの会場としても親しまれ、ジャンルの垣根を越えたアート拠点として横川独自の文化を育んでいる。

第 5 章 ◆ ジャンル外個性派

> **DATA**
>
> 所在地：広島市西区横川町3-1-12
>
> TEL：082-231-1001
>
> 開設年：1999年
>
> シアター数：1

141

小倉昭和館 福岡 Kokura Showakan

　1939年創業。最盛期には100を超える劇場が立ち並んだ北九州の街に唯一残る老舗。2022年に街を襲った大規模火災で焼失するも、復活を望む署名と支援金が全国から集まり、翌年再オープン。関西の団体から35mmフィルム映写機が寄贈され、再開後の今もフィルム上映が可能だ。地域の文学館や美術館と連携した上映やトークイベント、上映作品に合わせた近所の飲食店の弁当やお菓子の販売など、映画館でしか味わえない体験の創出に力を入れる。幕間には館主の樋口さん自らカゴを手に提げて売り子に。お客さんと直接触れ合えるこの時間が一番楽しく好きなのだと言う。

第 5 章 ◆ ジャンル外個性派

❶ 改築に伴い、ロビーは映画を観ないお客さんも立ち寄れる多目的スペースに。
❷ ロビーの木製椅子。側面に、地元企業「小倉縞々」から提供された小倉織の生地があしらわれている。
❸ 自由席の場内は、劇場にゆかりのある映画人の名前が刺繍された席が所々にあり、どこに座ろうかと考える時間も楽しい。最後列には初代、2代目館主の名入りシートが並び、劇場の片隅から新生昭和館を見守っている。

DATA	
所在地：北九州市小倉北区魚町4-2-9	
TEL：093-600-2923	
開設年：1939年	
シアター数：1	

143

フォーラム山形 山形 Forum Yamagata

　地域の映画サークルを母体に、日本で初めて市民出資で生まれた映画館。既存の興行システムとは一線を画す「映画ファンによる映画ファンのための映画館」を目指し、山形市で創業したのが1984年。90年代までに福島や盛岡、仙台へもネットワークを広げた。現在のフォーラム山形は2005年に移転オープン。同じく山形市中心部の系列館ソラリスと合わせたスクリーン数は11を数え、アート系から娯楽作品まで幅広く上映している。「山形国際ドキュメンタリー映画祭」や地域のさまざまな団体との連携企画も取り入れ、映画を通して人々が集う場となっている。

DATA
所在地：山形市香澄町2-8-1
TEL：023-632-3220
開設年：1984年（2005年移転）
シアター数：5

第5章◆ジャンル外個性派

福知山シネマ 京都

Fukuchiyama Cinema

多くの映画館が姿を消してしまった福知山を盛り上げようと「地方に映画の灯をともす」という使命を胸に開館した福知山シネマ。地域と一体となったイベントも多く、『この世界の片隅に』の原作者で地元在住のこうの史代氏を紹介するコーナーの設置や、片渕須直監督とのイベントも大盛況だった。地域の観客がヒット作を見逃さないよう、農作業が落ち着いた時期にシニア向け作品を上映したり、学生の行事を考慮した番組編成をするなど地域のライフスタイルに寄り添う姿勢も魅力だ。映画館が街に何ができるかを模索し、地域に開かれた場としてこれからも成長していく。

DATA
所在地:福知山市東中ノ町28-1 広小路商店街 内

TEL:0773-23-1249

開設年:2007年

シアター数:3

シネモンド 石川 Cinémonde

　石川県唯一のミニシアターとして、映画館が地域へ文化的な貢献を果たす「コミュニティシネマ」の実現に早くから尽力したシネモンド。その努力から発展した金沢コミュニティシネマ「こども映画教室」は、プロとして活動している映画人と出会い、子どもたちだけで試行錯誤しながら作品を完成させるワークショップと、映画の始まりを体験するワークショップで、子どもたちがより映画に親しむための活動を長年行っている。劇場の鑑賞料金も高校生以下は500円だ。「行けば映画に出逢える」という映画館の根源的で最大の魅力を伝えるため、今日も劇場を守り続ける。

DATA
所在地：金沢市香林坊2-1-1 香林坊東急スクエア4F
TEL：076-220-5007
開設年：1998年
シアター数：1

キネマ旬報シアター

千葉　Kinemajunpo Theater

　キネマ旬報社が運営する映画館として知られているキネマ旬報シアター。オリジナルスタンプカードのスタンプが貯まると「キネマ旬報ベスト・テン表彰式」にご招待。夏休みには、キネマ旬報社が運営する映画感想文コンクールのイベントの一環として親子無料映画鑑賞会を開催したり、近隣の小学生の社会科見学も積極的に受け入れている。もちろん戦後から最新号まで「キネマ旬報」バックナンバーや映画関連書籍などが無料で読める。世界でも最も長い歴史を持つ映画専門誌との深い関係を活かし、映画鑑賞にプラスαの価値を付加するようにしている。

DATA
所在地：柏市末広町1-1
柏高島屋ステーションモール S館隣り
TEL：04-7141-7238
開設年：2013年
シアター数：3

シネマスコーレ 愛知 Cinemaskhole

　巨匠若松孝二監督たっての希望で誕生した名古屋ミニシアター文化の源流、シネマスコーレ。シネコンとは違う小さな劇場に不可欠な個性を維持し、初めてミニシアター文化に触れる観客を育てるため、メジャーやインディペンデントを問わず多様な作品を取り入れた番組編成を行っている。観客と映画館スタッフとの距離の近さも特徴的で、何気ない会話から面白い作品を知ることもしばしばだという。観客の「映画が観たい」という思い、シネマスコーレを愛する人の気持ちに応える"顔の見える映画館"として、これからもこの場所を残していく。

▶ DATA
所在地：名古屋市中村区椿町8-12 アートビル1F
TEL：052-452-6036
開設年：1983年
シアター数：1

第 5 章 ◆ ジャンル外個性派

長崎
セントラル劇場

長崎

**Nagasaki
Cinema Central**

　階段横に設置された上映作品のお知らせを見つつ2階へ上がると、オレンジのフレームが可愛らしいガラス扉が目に入る。長崎セントラル劇場は、長崎市の浜町アーケード近くのビル2階にある単館映画館。日活の弐番館としてオープンした1960年当時の万屋町界隈は30館ほどが軒を連ねる長崎市内有数の映画街だったが、現在は県内唯一のミニシアターとして近隣の映画ファンに愛されている。今では少なくなった自由席のシアターは、座席間隔が広いのが特徴。ロングシートが採用された最前列に座れば、ゆったりと脚を伸ばして心ゆくまで名画を楽しめる。

DATA	
所在地：長崎市万屋町5-9 2F	
TEL：095-823-0900	
開設年：1960年	
シアター数：1	

メトロ劇場 [福井] Metro Theater

　ロビーでひときわ目を引く、手書きの作品名が並ぶアンケートボード。来場者のリクエストをもとに作品を選ぶメトロ劇場独特のシステムだ。ゲストによるトークイベント、地元の大学や商店とのコラボレーションも盛んで、観客の目線に立つことを心がけている。2021年にクラウドファンディングで音響を一新したシアターは、サウンドの臨場感と重低音にも揺れないスクリーンを完備した。先代館主が遺した「映画は総合芸術ですが、仕上げは映画館。それをお客様が観て、ひとつの芸術として完成する」という言葉を胸に、これからも良質の作品を届けていく。

> **DATA**
> 所在地：福井市順化1-2-14 メトロ会館4F
> TEL：0776-22-1772
> 開設年：1953年
> シアター数：1

シネマルナティック

愛媛 Cinema Lunatic

　オープン30周年の節目を迎えるシネマルナティックは、松山で唯一のアート系映画館だ。変遷を経て現在の場所で始められた劇場運営は、映写から受付まで代表の橋本さんほぼ一人で続けてきた。その独特なマイペースさが地元の映画ファンに親しまれている。番組編成は橋本代表が観たい映画を上映することにこだわる一方、DLPのメンテナンスなどで映写のクオリティを保つことで、観客もまたより良い上映環境で作品を楽しめている。塚本晋也監督は毎年8月に『野火』を上映するなど、シネマルナティックが続いているからこそ観客に届く作品も多い。

DATA
所在地：松山市湊町3-1-9 マツゲキビル2F
TEL：089-933-9240
開設年：1994年（河原町）休館を経て、2005年現住所にリニューアルオープン
シアター数：1

下高井戸シネマ Shimotakaido Cinema

　京王線沿線の代表的な下町のひとつ下高井戸にある、老若男女が立ち寄れる下高井戸シネマ。会員に入会すると、入場料金がさらにお得になりリーズナブルに映画を楽しめる。作品に合わせて地元の喫茶店やお店などとコラボ企画を開催するほか、作家やテーマによる特集やトークショーなど本格派の番組編成と企画もまた映画ファンをうならせる。多彩な作品を上映することで、映画を通し観客の興味と世界を広げるきっかけを作り、多くの人々が垣根なく集う場の役割を担う。下高井戸シネマで観る名画の数々は、しっかり人々の生活の中に息づくことだろう。

DATA

所在地：世田谷区松原3-27-26 2F
TEL：03-3328-1008
開設年：昭和30年代前半（1998年から現体制へ）
シアター数：1

ガーデンズシネマ

鹿児島

Gardens Cinema

　鹿児島市有数の繁華街、天文館に今も映画の灯をともすガーデンズシネマ。「映画文化を通して世の中の役に立ちたい」という鹿児島コミュニティシネマの思いからスタートした劇場だ。会員やボランティアスタッフに支えられ、月に1〜2回のコミュニティカフェをはじめ、インド映画のマサラ上映など上映にちなむさまざまな体験ができる。全国のミニシアターや上映団体による「夏休みの映画館」への参加や、親子向けの「サマー・キッズ・シアター」も開催し、若い層に映画の魅力をつなぐ。39席と小さな劇場だが、映画が持つ無限の喜びと楽しみを伝えてくれる場所だ。

DATA	
所在地：鹿児島市呉服町6-5 マルヤガーデンズ7F	
TEL：099-222-8746	
開設年：2010年	
シアター数：1	

153

あまや座 茨城 Amayaza

　那珂市瓜連の閉店したスーパーの跡地に、街おこし有志団体の手で生まれたあまや座。ミニシアターのない茨城県の中で、ヒューマンドラマや社会性の強いドキュメンタリーなどメジャーではない作品を多く上映し地域から県外まで広く観客を呼び込む努力をしている。関東圏ならではの舞台挨拶なども開催するとともに、映画館主導で地域マップを作成するなど地元の活性化を見据えた運営にも力を入れる。わずか31席のミニマムさは、"映画館で映画を観る"という時間の有意義さを再確認できる。小さく新しい映画館としてこれからも発展を目指していく。

DATA
所在地:那珂市瓜連1243
TEL:029-212-7531
開設年:2017年
シアター数:1

第5章◆ジャンル外個性派

小山シネマロブレ

[栃木]

Oyama Cinema Roble

入口にチケットボックスがある日本式シネマコンプレックスの最古参、小山シネマロブレ。シアターごとに違うカラフルな照明がもたらす独特なムードは、"街中の劇場が進化したらこんな未来もあったのかも"と想像力をかき立てる。街の映画館から郊外型シネコンへ変わりゆく時代を経たシネコンとミニシアターの良さを持つ劇場として、できる限り幅広い価値観を発信できる作品選定に努めているという。長い時代愛されてきた映画文化の需要の移り変わりも重視し、多くのシネコンで姿を消した35mm映写機を自社で使えるよう、今でもメンテナンスを欠かさない。

DATA	
所在地	小山市中央町3-7-1 ロブレ7F
HP	https://www.ginsee.jp/roble/
開設年	1994年
シアター数	5

155

函館市民映画館シネマアイリス [北海道] Cinema Iris

　1996年、函館に誕生した市民主体の映画館。市内から次々と映画館が姿を消してゆくなか、館長の菅原さんを中心に地元の映画好きたちが資金を集めて立ち上げた。場内は映画に集中できるシンプルな内装。「アイリス」の名にちなんだ紫色の座席が映える。国内外の良質な映画を市民に紹介しながら、2000年代からは映画制作にも着手。函館出身の小説家・佐藤泰志の作品を原作に、『海炭市叙景』から『草の響き』まで5本を映画化。名だたる監督や俳優が市民とともに作るこのシリーズは多くの映画ファンを魅了し、函館の文化の厚みを全国に知らしめている。

> **DATA**
>
> 所在地：函館市本町22-11グリーンエステート1F
> TEL：0138-31-6761
> 開設年：1996年
> シアター数：1

Column-7
映画館が地元にちなんだ映画作品をプロデュース
函館発、佐藤泰志原作シリーズ

シネマアイリス館長 / 菅原和博

❶『海炭市叙景』
❷ 事務所内に撮影時の小物や写真が展示されている

はじまりは作品集との出会い

佐藤泰志さんは5回芥川賞候補にもなった作家でありながら、地元の函館でもすっかり忘れられた存在でした。僕自身、2008年に『佐藤泰志作品集』が出版されたとき、うちのスタッフにプレゼントされて初めて読んだんです。

冒頭に収められた「海炭市叙景」は架空の街が舞台の連作短編なのですが、読む人が読めば函館がモデルだとすぐにわかります。文体は非常に映像的で、まるで大作めいた群像劇の映画を観たような読後感でした。再評価されてしかるべき、すごい作家に出会ってしまったと感じました。

それからというもの、この作品を映画として観てみたいという思いがどんどん膨らんでしまい、市民映画という形で作れないかと考え始めました。アイリスが市民から寄付を募り、市民映画館として設立されたのと同じように。

函館はしばしば映画の撮影に使われるのですが、どこか無国籍な街として描かれることが多い。でもこの原作ならリアルな函館の街と人を描けるんじゃないかと思ったんです。

映画化が決まると佐藤さんの同級生たちも応援してくれて、実行委員会が立ち上がりました。そこからまた市民に寄付の呼びかけをしているうちに、だんだん協力の輪が広がっていきました。

監督は熊切和嘉さんが引き受けてくれました。ある時たまたま熊切さんがアイリスに映画を観に来てくれて、世間話をするなかで「海炭市叙景」の話題を出してみたんです。そしたらすごく興味を持ってくれて、その日のうちにあの分厚い作品集を買ってくれたんですよ。数日後にまた会ったときには「こういう映画をずっと撮りたいと思っていた。僕に監督やらせてくれませんか」って。

監督が決まったことで本格的に資金集めが始まりました。加瀬亮さんらメインキャストには熊切さんが声をかけてくれて、地元の人からもキャスティングして出てもらいました。熊切さんの功績は非常に大きかったです。『海炭市叙景』はこうして、函館市民と東京のスタッフがタッグを組んで完成しました。

『そこのみにて光輝く』

『オーバー・フェンス』

　興行的には大ヒットというわけではないですが、この規模の作品としては奇跡のような映画だとも言われました。当時、地方都市の疲弊をここまでリアルに描いた映画はなかったのでしょう。原作も映画も決して明るい作品ではないですが、いわゆるご当地映画とは一線を画するようなタイプの映画が作れたんじゃないかなと思います。

　全国のミニシアターのネットワークが撮影中から応援してくれて、完成前から上映する映画館を確保できたというのも成功した大きな要因の一つだと思います。

予想外の反響からシリーズ化へ

　その後も映画化が続くとは夢にも思っていませんでした。でも『海炭市叙景』がすごく手応えがあったので、もう1本作ろうということになりました。そこで次に選んだ原作が「そこのみにて光輝く」です。登場人物が少なく、ある種のラブストーリーでもあり、ある意味で「海炭市叙景」よりも映画化に向いているだろうと。

　今度は小規模でも委員会方式でやってみようと、出資会社を探しました。けれども現実はなかなか厳しく、企画を持ち込んでも「こんな暗い映画誰が観るんですか」というような反応で、ことごとく断られました。

　その段階で監督は呉美保さんに決まっていました。高田亮さんの脚本が素晴らしくて、この脚本で主役だけでもオファーしてみようと、いの一番に綾野剛さんにお声がけしたんです。そしたら彼曰く、シナリオを3行読んだだ

けで出ることを決めたと。

　それからTCエンタテインメントさんが出資のメイン幹事を引き受けてくださり、そこからはトントン拍子で撮影に入ることができました。呉美保監督の的確な演出が見事でした。綾野さんと弟分役の菅田将暉さんのバディ感もはまり、映画は大ヒットしました。

　それでさらにもう1本作ろうという話になり、前作と同様の委員会方式で「オーバー・フェンス」を映画化しました。いつも作品が暗いと言われていたので、あえて佐藤さんの中でもちょっと明るいというか、希望を感じさせるような原作を選んだんです。主演のオダギリジョーさん、蒼井優さんをはじめすごく豪華なキャストで、山下敦弘監督の手堅い演出が光る作品となりました。

原点に返った青春映画

　次は以前から気になっていた「きみの鳥はうたえる」という初期の代表作を、青春映画として作りたいと思いました。原点に返り、今度は予算の規模も小さく、シネマアイリスが主体になって作るというやり方で。

　監督はこの小説にふさわしいような若い人に頼みたいと思い、『やくたたず』が素晴らしかった三宅唱監督に依頼しました。彼はこれまでの作品を全部観てくれていて、佐藤泰志さんの原作も気に入ってくれました。僕も三宅さんの作品がすごく好きだったので、もうこの監督しかいないなと。

　メインキャストには、三宅さんと親しかった柄本佑さん、

『きみの鳥はうたえる』　『草の響き』

Column

染谷将太さんがすぐに決まり、石橋静河さんは当時まだほぼ新人でしたけど、彼女にぜひお願いしたいということで。この3人が決まって撮影は本当にスムーズに行きました。インディペンデントの良い部分というか、監督も俳優もスタッフもみんなほぼ同世代の若者で、彼らそのものが青春みたいな感じでした。完成した映画にも青春のリアルな空気感が映し出されているように思います。

この作品は僕ぐらいの世代では何となくわかりづらいと言う人もいますけど、20代や30代のお客さんはすごく共感を覚えるって聞きますね。

コロナ禍とこれから

「草の響き」という小説は、心の病を抱えた男が医師に言われた通りにひたすら毎日走るという、それだけの物語なんです。走る過程で若者たちと知り合い、ちょっとした交流が生まれる。その描写が僕は好きで、映画化したいと思いました。今度は自分と同世代の監督さんとやろうと、斎藤久志さんにオファーしました。

折悪くコロナ禍が始まり、制作を思いとどまりそうにもなりました。でも逆にこういうタイミングだからこそ映画を作るってことも必要なんじゃないかと考え、コロナの収束も見越して制作を始めたんです。

主役は東出昌大さんにオファーしました。彼の佇まいは独特ですよね。彼が走っている姿だけで映画になるんじゃないかと感じたんです。嬉しいことに、役者の皆さんはそれまでの4作品を観てくれていて、函館で撮影する佐藤泰志さん原作の映画ですって言うと、ぜひやらせてくださいと言ってくれました。このシリーズが着実に浸透しているのを実感しました。

結局、公開時にはまだコロナ禍が収まらず、興行面では厳しいものがありました。そこは僕が見誤ったかなという感じですが、映画としてはすごく気に入っています。実は斎藤監督は公開の翌年にお亡くなりになったんです。そういう意味でもあのタイミングで作ってもらえてよかったと思います。

1作目の『海炭市叙景』の試写会を思い返すと、市民のみなさんの反応は正直微妙なものでした。でも今は本当に映画を楽しみにしてくれていて、またやるなら協力するよと言ってくれています。ありがたい限りです。

佐藤さんにはまだいい小説があるので、いろいろな事情が許せば映画化を続けたいと思っています。僕も結構歳になってきたので、やるなら元気なうちだよなと。

映画作りって大変なことも多いですけど、やっぱり楽しいことも多い。「また新しいもの作ってください」とよく言われたりもするので、期待に応えたいという思いもあります。何より僕自身が、また佐藤泰志さん原作の映画を観てみたいなと、いち観客として思っているので。

159

Column-8
アジアの映画館
映画館（シアター）は映画（シネマ）の守り人である

ライター・映画館スタッフ / 荒井 南

　アジアではシネマコンプレックスの進出が盛んであると同時に、唯一無二の存在意義を持つ小さな上映施設が数多く存在する。

　アジア圏で最も映画文化が国民に根付いているのが韓国である。韓国では民主化実現後の 1990 年代に入り国内初のマルチプレックスが開館。商業主義の作品が独占する状況が映画の多様性を狭める中、韓国初の芸術映画館トンスンシネマテークが大学路にオープンする。その後トンスンシネマテークは「芸術実験映画専用上映館」支援対象となり、年間上映日数の 60% 以上の芸術映画を上映することなどが義務となった。シネマコンプレックスからはじき出された『ワイキキブラザーズ』、『ライバン』、『蝶』、『子猫をお願い』の 4 作品を劇場で観ることを切望した観客たちが再上映のために声を上げ、熱心な上映運動を展開した。この"ワラナゴ"運動をきっかけに、映画振興委員会が「韓国芸術映画に最小限の上映機会を保障する」という目標で製作会社と配給会社への支援をスタート。2002 年には芸術映画専用館が誕生した。

韓国 [ソウルアートシネマ]

　2002 年 5 月、韓国のシネマテークの中心的存在ソウルアートシネマがオープンする。初期よりシネマテーク専用館を掲げているこの劇場は、筆者が初めて訪れた時は楽園商街ハリウッド劇場にあり、その後今は無き鍾路のソウル劇場に身を置くなど移転を繰り返した。現在ソウルアートシネマがあるキョンヒャンアートヒルという建物は 1970 年代は MBC の公開ホール、2000 年から 2010 年まではシネマチョンドンという名前のマルチプレックスで、直近は公演場だったが、コロナ禍で閉業していたそうだ。韓国のミニシアターは、日本のように戸建の一階よりもビルの中にある劇場が多い。実は歴史の長い劇場ほどビルの中にあるそうだ。ただ、古典映画を多く上映するソウルアートシネマは、プログラムディレクターのキム・ソンウク曰く、現代のソウルに多いエスカレーターでデパートの上階まで行かなければならないシネマコンプレックス型の劇場よりも低層階を希望していた。上映設備はおろか建物の状態も悪かったこの場所をリノベーションし、移転オープンにこぎつけた。韓国でも珍しい無声映画も積極的に上映し、カール・テオドア・ドライヤー監督やペドロ・コスタ監督といった韓国でほとんど上映例のない作家も取り扱う。映写設備もデジタル、35mm 映写機は 2 台、16mm まで完備している。さまざまな映画を撮影技術や視覚イメージから掘り下げる Cinematheque Kino Academy が開催されるホールはほぼ満席で、若い年齢層の観客が映画理論に耳を傾ける姿は圧巻だった。

ソウルアートシネマ

Column

韓国 [ヘイリシネマ]

　パジュ市の「ヘイリシネマ」は、ギャラリーや工房、漫画博物館などが立ち並ぶ芸術家の拠点であるパジュ芸術村のミニシアターであり、市内唯一の芸術映画館だ。2016年、インディー系映画監督のチャン・ヒョンサン監督によりオープン。郊外の観光地ということもあり、週末には家族連れも多く訪れるなど客層の幅広さが強みだ。北朝鮮との国境にほど近い山の中にあるため、窓からは豊かなパジュの自然が一望でき、ちょうど上映中だった濱口竜介監督『悪は存在しない』のロケーションとも不思議な親和性を感じた。スクリーン内の座席には一席ごとにテーブルがあるので、一階のベーカリーショップで購入したパンを食べながら映画を楽しむのも楽しい。出迎えてくれたミン・ジソンマネージャーは、上映候補作はすべて鑑賞して番組編成を行っているので、プログラミングした作品に観客がどう反応するかが気になるし、楽しいと話す。映画に向き合う熱量に終始圧倒される思いがした。

韓国 [テジョンアートシネマ]

　テジョンアートシネマは大田駅から徒歩数分に位置する、大田で最も歴史の長い芸術映画館だ。ロビーに足を踏み入れてすぐ、カン・ミング代表のビデオ・DVDコレクションがずらりと並ぶ棚が目に入る。カフェやバーのムードも漂うオシャレな劇場である一方、1スクリーンでも広々としているのがポイントだ。さらに若い映画製作者のためのシネマテークとワークショップも随時開催しているそうだ。カン代表に一番好きな映画を尋ねると、迷うことなく『気狂いピエロ』だと答えた。カン代表の世代は皆そうなのだという。ソウルシネマテークのキム・ソンウクPDも、ゴダールをフェイバリットに挙げていた。軍事独裁政権時代、国内で上映されなかった芸術映画への渇望と、横暴な国家権力政権への怒りと、作品の中のアナーキーな空気が重なったのだろうか。映画は抵抗精神を支えるよりどころなのだと深く感じた。

テジョンアートシネマ

161

ソソアートシネマ

韓国 [ソソアートシネマ]

　カン代表に案内されて、テジョンシネマテークからやや離れた大徳区に2023年5月にできたばかりのソソアートシネマを訪ねた。チャン・スンミマネージャーは、シネマコンプレックスのCGV系列で映写技師をした後、テジョンアートシネマの番組編成を経てソソフィルム協同組合の会員と地元市民の協力とともに劇場をオープンさせた。劇場の向かい側に漢南大学があるためか来場者には学生も多いそうで、特にクラシック映画が好まれるというのも興味深い。太田ではかつて、カン代表も携わり「村の劇場 春 協同組合」が立ち上がった。日本で言う「コミュニティシネマ」の理念に近しいように感じた。ソソアートシネマもテジョンアートシネマも、地元に密着し、かつ地元からも深く愛されている劇場だ。

タイ [HOUSE Samyan Bangkok]

　かつてバンコクにあった海賊版ビデオショップ「"眼鏡"のビデオ」の繁栄と衰退を足がかりにタイ映画界の足跡をたどるドキュメンタリー『あの店長』。出演者の一人、バンジョン・ピサンタナクーン監督は、自国では上映されないアート系映画の資料を読みあさりゴダールたちの魔法のような映画術を空想した。その後"眼鏡"の店長」で入手した『リング』に刺激されて、出世作『心霊写真』を撮り上げる。店長はその後逮捕されてしまうが、彼のおかげでタイの独立映画産業は成長したと、作品は大胆に結ぶ。創作物の権利を侵害する海賊版の是非はここでは問わない。だが本作は、上映されず、誰の目にも触れられない映画が"この世界に存在する"と示す行為は誰かの人生を必ず豊かにするのだと証明している。

　タイには現在「HOUSE Samyan Bangkok」という個性的な劇場がある。HOUSEは日本映画やインディーズ系の映画を上映する独立系映画館で、創業当初からシネマコンプレックスの二大勢力の中で異彩を放ってきた。ラチャダー地区のナイトスポットRCAに「HOUSE RCA」という名前の劇場があったが、地下鉄サムヤン駅前にできた新しい商業施設「サムヤンミッドタウン」の中に移転した。当初は2004年7月9日にRCA Plazaで運営がスタートしたこの劇場は、"映画へ新たな選択肢を追加したい"という思いを込め、映画愛好家の"家"としてシンプルな名称をつけたという。童話に登場するような可愛らしい家を模したエントランスの劇場は、シリーズの最新作『エイリアン：ロムルス』からソニー配給の『フライ・ミー・トゥ・ザ・ムーン』といった最近の中規模から大作映画、日本でも"ミニシアター系"と呼ばれた『エターナル・サンシャイン』、若者の労働搾取を扱った社会派韓国映画『あしたの少女』といった小規模ながらきちんと選ばれていることがうかがえる。

台湾 [光點華山電影館]

　台湾では複合施設「台北之家」の中に入るミニシアター「光點華山電影館」が有名だ。台湾ニューシネマの牽引役、ホウ・シャオシェン監督が台北市政府と協力し、2012年11月に台湾初の国家レベルの芸術映画

Column

館としてオープンした。旧アメリカ大使館邸を利用した、品のある白壁の洋館の1階はオープンカフェで、日本でも有名な大型チェーン書店「誠品書店」も店舗を構えている。光點華山電影館は88席1スクリーンという小規模のシアターでは、新作台湾コメディー『鬼才之道』、ニュー・ジャーマン・シネマの傑作『パリ、テキサス』、日本でも話題の青春アニメ物語『ルックバック』など、自国の娯楽作からシネフィル好みの一本、アニメまで実に多種多様な作品を上映。今後は『ハウルの動く城』や森田芳光監督特集も控えている。

カンボジア
[BARC（ボパナ視聴覚リソースセンター）]

クメール・ルージュの悲劇で失われた文化、破壊された幸せな人生を現代に生きる若者が向き合うカンボジア映画『シアター・プノンペン』。老映写技師ヴィチェアが未完の長編映画をさびれた映画館でこっそり上映しているのを観た女子大学生ソポンが、映画の主演がかつて女優だった母だと知る。劇中にある迫害の恐怖から映画館へ逃げ込んできた人たちのためにヴィチェアがたった一度だけ『長い帰郷』を上映したというくだりは当然フィクションだが、当時、もしかしたら似たようなことが起きていたのかもしれない。

そんなカンボジアでは、ボパナ視聴覚リソースセンター（以下 BARC）の存在を忘れてはならない。クメール・ルージュにより家族や友人を奪われ、タイの難民キャンプからフランスに渡った、『消えた画 クメール・ルージュの真実』のリティ・パン監督とカンボジア文化芸術省が、フランス政府の助成を受けて2005年に共同設立した施設だ。カンボジアでは1909年に初めて映画が上映され、1958年に最初の商業用のカンボジア劇映画が製作された。それから1975年の大量粛清の前

までは、約450作品の劇映画が製作された黄金時代だった。クメール・ルージュで9割以上が意図的に廃棄され、さらに内戦状態が続いたことで長く映画産業は停滞していた。クメール・ルージュの支配下でも夫への愛を放棄せず、処刑された女性の名をとって「ボパナ」と名付けられた建物には、1階に展示空間と上映ルームがある。BARCは古いフィルムの発掘と修復にとどまらず、上映活動と映像制作者の育成など、若い国民に映像文化を広め、根付かせる教育活動を続けている。

「強いて言えば、私の映画が観客に痕跡を残すことを望んでいるのでしょう」とは、韓国の巨匠イ・チャンドン監督のエッセイの中の言葉だ。映画の完成の瞬間は観客の心の中で初めて訪れるものなのだろう。失われたもの、失われつつあるもの、そして前へ進んでいくもの。映画館をめぐる場には常に喪失と再生、誕生がつきまとう。その道筋—映写機が作る光の筋がたしかに誰かの心のうちで息づいていくことを信じて、映画の守り人たちは今日も映画館を守っている。

【参考資料・映画】
・House Samyan
https://www.housesamyan.com/site
・光點華山電影館
http://www.spot-hs.org.tw/index.html
・ボパナ視聴覚リソースセンター
https://bophana.org/news/
・한국 독립예술영화관은 지속 가능한가?
https://www.ilemonde.com/news/articleView.html?idxno=14756
・【鍋講座 vol.13】世界の映画行政を知る②「韓国編」
http://eiganabe.net/2014/01/08/713
・イ・チャンドン「映画는 질문을 멈추지 않는다」(2022年4月28日、全州国際映画祭)
・プノンペンにある、映画・映像資料の保存施設
鈴木伸和
http://filmpres.org/preservation/

163

第6章 ◆ New Place

サウナやイベントスペース付きも。
ローカルに溶け込むために
「映画館」の可能性を拡張する、
新しい世代の映画館

アウトクロップ・シネマ 秋田 Outcrop Cinema

　秋田市中心部の古民家を改装して生まれた16席の上映空間。大学卒業後に映像制作会社を立ち上げた栗原さんと松本さんが、自身の作品の制作・上映活動の過程で得た気づきをもとに、新しい鑑賞のあり方を目指して作り上げた。上映は毎月1作品を厳選。作り手と観客の垣根を超えた対話を重視し、上映後にはティーチインや交流の時間を設けている。作品にちなんだ食事付きの上映も多く、五感を刺激する映画体験を提供している。中心市街地のイベントとして周遊型の上映会を行い、普段劇場に足を運ばない人も気軽に映画を楽しめる仕掛け作りにも取り組む。

第6章◆NEW PLACE

❶ 古民家の内装を活かした16席の空間。
❷ 外観は街並みになじむ落ち着いた色彩。
❸ とあるアジア映画上映時の食事。劇中の舞台の変遷に合わせ、上映前には都市部、上映後には山岳地帯の料理が提供された。上映中から場内がスパイスの香りに包まれ、まさに五感を刺激する映画体験となった。

DATA	
所在地：秋田市中通3-3-1	
TEL：080-3710-3184	
開設年：2021年	
シアター数：1	

167

赤石商店 長野 Akaishi Shouten

東京からUターン移住した埋橋さん夫婦が一軒家を改装してオープンさせた複合施設。土蔵を改修したシアターは定員9席のくつろぎの空間。月替わりで作品をセレクトし、4日間限定で上映している。希望に応じて感想を語り合う場を設けたり、上映リクエストを取り入れたりと、観客との双方向の関係性を大切にしているという。周りのお店にチラシやポスターを設置してもらうなど、定期的に上映を続けることで生まれる交流も。地元の人が日替わりで出店する食堂やショップ、旅人が訪れる一棟貸しの宿を備え、伊那市内外の文化が交差する場となっている。

第 6 章 ◆ NEW PLACE

❶ 食堂スペース　❷ 宿泊スペース　❸ サウナ　❹ シアタースペース外観

> **DATA**
>
> **所在地**：伊那市東春近22-5
>
> **TEL**：090-5705-7217
>
> **開設年**：2016年（上映開始2017年）
>
> **シアター数**：1

169

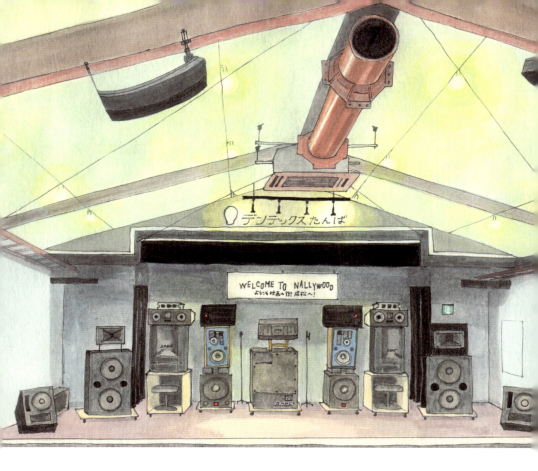

ヱビスシネマ。 [兵庫] Ebisu Cinema

　音響特化型ミニシアターとして、制作年代や作品ごとの音の特徴を見極め、3種類の真空管アンプや、デジタルアンプ、26台のスピーカーを使い分けるなど、珠玉に調整された音響が映画ファンを唸らせている。丹波市に約50年ぶりとなる映画館「ヱビスシネマ。」を復活させたのは、映画制作が縁で訪れた同地の美しい景色と風情に心打たれ、映画文化が定着するようにとの思いから。2023年からは丹波国際映画祭を開催。さらに、誰もが等しく文化を享受してほしいと、大人が先払いした分だけ子どもたちが無料で鑑賞できる「足ながシネマ」も実施している。

第6章◆NEW PLACE

❶ ローカルな魅力の発信にもこだわり、ゆったりと間隔のとられた座席には地元の間伐材と国指定文化財の丹波布が使われている。近兼支配人いわく、「丹波布は地元の野山に生えている野草や栗などから染めた糸を使用している。座ることで丹波の野山を直接体感いただくような感じ」だとか。
❷ 周囲の街並みに合うように考えられた、のれんや提灯。
❸ 真空管アンプ。
❹ 館内で飼われている、看板モモンガ。

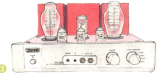

DATA	
所在地：丹波市氷上町成松263-3	
TEL：0795-88-5910	
開設年：2021年	
シアター数：1	

171

ビクトリィシアター 　岡山　 VictoryTheater.

　宿場町の趣が残る真庭市久世。商店街の空き家を改装しミニシアターを作ろうとする映画作家の山﨑さんのもとに、東京から移住してきた柴田さんら仲間が加わり、2022年にオープン。25席の手作りの上映空間は映像と音を全身で浴びられるこだわりの設計。月に1作品ほどの上映とともに、映画の作り手と観客が分け隔てなく交流できる場を設けている。お茶を飲みに立ち寄るような開かれた場を志向しつつ、あえて日常をかき乱すような作品のセレクトを意識しているという。2023年に始まったニューガーデン映画祭では世代や地域を超えた交流が生まれている。

第6章◆NEW PLACE

❶ 夏季の野外上映イベントの様子。
◀ 上映時にはシアター裏のスペースがバーとなり、制作者や観客らが分け隔てなく語り合える場となる。
❷ ニューヨークのスペクタクルシアターをイメージしたという劇場。コントロールルームは可動式で、ギャラリーやパフォーマンス空間にも変容できる。

DATA	
所在地：真庭市久世2581	
MAIL：info@victorytheater.jp	
開設年：2022年	
シアター数：1	

173

シアターエンヤ 佐賀 Theater Enya

　22年間映画館のなかった唐津にて、まちづくり会社が立ち上げた映画館。2011年から市民団体として上映会を重ねるなかで持続的な経営方法を模索し、法人スポンサーなど複数の収入源確保の仕組みを確立。2019年に念願の映画館をオープンさせた。商業映画からアート系作品まで幅広く上映し、子どもからお年寄りまで気軽にアクセスできる「文化のインフラストラクチャー」の役割を果たしている。年間5,000円で映画が観放題になる学生サブスクリプション制度もその一環。鑑賞後に飲食店や商店で使えるクーポンは商店街の活性化にもつながっている。

第6章◆NEW PLACE

❶ ロビーには、大林宣彦監督による唐津を舞台にした映画『花筐 / HANAGATAMI』の小道具やスケッチが展示されている。
❷ 大きく重厚感のある劇場扉。劇場名は、ユネスコ無形文化遺産にも登録されている祭り「唐津くんち」の際のかけ声「エンヤ、エンヤ」に由来する。
❸ 最後列にあるペアシート。

DATA	
所在地：唐津市京町1783 KARAE 1F	
TEL：0955-53-8064	
開設年：2019年	
シアター数：1	

175

シアターキネマティカ Theater Kinematica

　宮城県石巻市にある小劇場兼ミニシアターの複合文化施設、シアターキネマティカ。東日本大震災の後、被災者のコミュニティスペースとして親しまれていた建物が空き家となり、2021年に改修プロジェクトがスタート。クラウドファンディングや寄付などの支援を受けつつ石巻劇場芸術協会のメンバーがほぼDIYでリノベーションした。映画に限らず演劇、落語、音楽ライブ、ダンス、ワークショップなどイベントは実に多種多様。併設されたカフェにも老若男女が気軽に訪れている。人と人をつなぎ、誰にでも開かれた芸術の空間としてこれからも地元を盛り上げ続ける。

DATA
所在地:石巻市中央1-3-12
TEL:0225-98-4765
開設年:2022年
シアター数:1

Stranger 東京

「知る、観る、論じる、語り合う、繋がる」がコンセプトのStranger。「ご近所さん割引」や、地域イベントの広報に活用してもらうなど、気軽な地域コミュニティの場となっている。併設のカフェでは独自ブレンドのコーヒーを片手に活発な意見交換が行われ、リアルな映画鑑賞体験が楽しめる。新作から話題の旧作、大作にアート系の作品など幅広い上映ラインナップが魅力。さらにオリジナリティあふれる特集企画は映画ファン必見。ミニシアターでありアートギャラリーやDJブースにもなる、ハイブリッドな文化発信拠点だ。

DATA
所在地：墨田区菊川3-7-1 菊川会館ビル1F
TEL：080-5295-0597
開設年：2022年
シアター数：1

大須シネマ

[愛知]

Osu Cinema

　上映作品の紹介手書き文がカラフルに踊るガラス扉や実際に撮影に使用された『チャイルド・プレイ』のチャッキーなど、来場者を喜ばせるエッセンスがそこかしこに見える大須シネマ。大須商店街に誕生して5年、ミニシアター文化が盛んな名古屋の中でも、他館とはまたひと味異なるプログラムを楽しめる劇場だ。鑑賞後に日本一元気だと言われる商店街でグルメを楽しめるようSNSで発信するなど地域活性化にも積極的。若い才能の発掘とインディペンデント映画の魅力を伝える映画祭の開催地になるなど、知られざる新人映画作家の応援にも力を貸している。

DATA

所在地：名古屋市中区大須3-27-12
TEL：052-253-5815
開設年：2019年
シアター数：1

第 6 章 ◆ NEW PLACE

シネマ203 和歌山   Cinema203

　北ぶらくり丁商店街にたたずむアパート「北ぶらくり丁会館」。老朽化した建物の203号室を改装した和歌山県唯一のミニシアターがシネマ203だ。座席数15席と日本最小ながら、館主こだわりのシアターは映写のクオリティが追及された本格派。上映期間を分かりやすくしたり、上映の空き枠に観客からのリクエストを受け付けるなど、映画を観てもらうための工夫もユニークだ。近所の独立系書店をはじめ各商店との連携も積極的で、鑑賞後にふらりと立ち寄るのも一興。レトロと新しさが混在する文化圏で世代を超えて愛される映画館に成長するため、今日も映画の灯を守る。

DATA

所在地：和歌山市中ノ店北ノ丁22
北ぶらくり丁会館203号
TEL：090-8172-7074
開設年：2023年
シアター数：1

小野沢シネマ 島根

Shimane Cinema
ONOZAWA

島根県益田市で長らく営業していた「デジタルシネマ益田中央」が2008年に廃業。クラウドファンディングなどで待望の復活を遂げたのが小野沢シネマだ。ヒット作からドキュメンタリーまで気軽に観られる環境を再び作ることを目指し、上映リクエストを積極的に受け付けたり、ライブや読み聞かせなどさまざまなイベントを実施したりと開かれた劇場づくりを続けてきた。街から映画館が消えた10年以上の空白を埋めるべく、夏休み・春休みはアニメを取り入れ子どもたちに映画を観るきっかけを与えるなど、未来の観客を育てる伝道師のような劇場でもある。

▶ DATA
所在地：益田市あけぼの東町2-1 小野沢ビル3F
TEL：0856-25-7577
開設年：2022年
シアター数：1

第6章◆NEW PLACE

CINEMA AMIGO　神奈川　Cinema Amigo

　逗子のシネマカフェCINEMA AMIGO は、映画上映のほか、民泊もできる複合施設だ。上映作品とコラボレーションした店が週替わりで並ぶ「AMIGO MARKET」など、様々な地域交流の機会を作り出してきた。野外映画館プロジェクト「CINEMA CARAVAN」の通年の拠点にもなっている。

「逗子海岸映画祭」は、CINEMA AMIGO で培った地元カルチャーと「CINEMA CARAVAN」でつながった地域外の人と文化が交わる集大成ともなっている。都市部への一極集中に頼らない、ローカルの連帯と新陳代謝を促す先駆的な文化拠点だ。

DATA

所在地：逗子市新宿1-5-14	
TEL：046-873-5643	
開設年：2009年	
シアター数：1	

キネマミュージアム

高知

Kinema Museum

　高知市の中心街、「おびさんロード商店街」に位置するキネマミュージアムは、映画『0.5ミリ』などで知られる安藤桃子監督による期間限定の劇場「ウィークエンドキネマM」が、常設館として2023年に生まれ変わったものだ。フィルム上映も可能な一方、客席が取り外せるシアターでは"ミュージアム"という名の通り多様なカルチャーイベントが開催できる。映画館が掲げる「想像と創造」をモットーに、子どもたちが撮影から映画祭での上映まで携わるワークショップの窓口や場の役割も果たす。映画文化を未来につなげる活動に惜しみなく力を注ぐ劇場だ。

DATA
所在地：高知市帯屋町1-13-8 1F
TEL：088-824-8381
開設年：2023年
シアター数：1

第6章 ◆ NEW PLACE

宮前舎 [滋賀] Guzensha

　2024年4月に誕生したばかりの宮前舎にある宮前シネマは、日替わりで店主の変わるシェアカフェの2階スペースで上映されている。これまで映画館が無かった地方都市でドキュメンタリー専門という独自色を打ち出し、地域のコアなファンが集まる場所を目指している。上映作品を来場者の投票で決めたり、映画の感想をシェアするコーナーを設けるなど、観客が積極的にかかわれる取り組みも。食や映画を通して、あらゆる角度から心地よい生き方や暮らし方を探り、発見してもらえる場所。これからの発展に期待大なミニシアターである。

> **DATA**
>
> 所在地：長浜市宮前町10-5
>
> 開設年：2024年
>
> シアター数：1

Column-9
映画館の未来について考えたこと

コミュニティシネマセンター事務局長 / 岩崎ゆう子

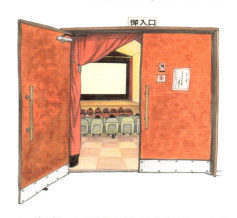

上映されることで映画は完成する

　1895年に映画が誕生して130年。映画に歴史があるように、映画館にも歴史があります。サイレントからトーキーへ、白黒からカラーに、テレビが生まれ、ビデオが生まれ、メディアの変化とともに、映画館のあり方も変わってきました。ミニシアターの時代があり、シネマコンプレックスが全盛となり、フィルムからデジタルへの転換、配信の時代を迎え、コロナ禍も乗り越えて、映画館は命脈を保ち続けています。

　最盛期（1960年頃）に日本全国で7500館を数えた映画館は、2023年には590館ほどとなりました。60年余りで10分の1にまで減少しているのですから、楽観的ではいられない状況です。しかし、いまでも毎年新しい"映画館"がつくられています。

　長い間、映画館に関わる仕事をしてきました。「映画」ではなく、「映画館」です。「映画館」に関わる仕事というよりも、上映に関わる仕事という方が正確かもしれません。といっても、私自身が映画館で働いているわけではなく、特集上映を企画したり、巡回したりすることはありますが、それを専門にやっているわけではありません。説明が難しい仕事ですが、とにかく、日々、映画館のことや映画上映のことを考えて過ごしています。

　誕生から130年の未だ新しい芸術、複製芸術である映画は、映画館の大きなスクリーンで上映されることを前提としてつくられています。上映されることで映画は完成する、そう考えると、上映者も映画製作の一端を担っていると言えるかもしれません。これからも、映画があり続ける限り、映画館がなくなることはないだろうと思います。映画館がなくなることがあるとしたら、映画もなくなる。映像作品は残るでしょうが、それは「映画」とは異なるものになるでしょう。

観客を待ち続ける映画館

　映画館というのは贅沢な場所です。現在では100席の映画館が満席になることは稀なことです。それでも映画館は毎日、100人の観客を待ち続け、100人のための上映環境を準備し続けています。（東京など大都市のシネコンなどを除けば）観客が席数の半分以下であることは常態であり、そこに10人ほどしか観客がいないこともしばしばです。しかし、観客がたった一人であったとしても、上映を止めることはありません。商売としては効率が悪いことこの上ない。その一方で、このような、ある意味で、無駄に贅沢な場を持つことの魅力、自分が見せたいと思う映画

Column

を上映し、時には満席となる客席から観客たちの熱い思いを感じることができる、そんな映画館の魅力は何ものにも代え難いものです。文化や芸術というのは無駄と思われるようなものへの愛なしには成立しないものです。

　ただ、単に自分の好きな映画を見たいということであれば、現在は、配信サイトを駆使することでかなりのものを見ることができ、自宅で充実した私的な"映画祭"を繰り広げることも可能です。コンテンツ（情報）としての映画はPCでもスマホでも見ることができます。映画をあまり見ない人ほど「現在は配信で何でも見られるのだから映画館は必要ないでしょう」などと言いがちですが、個人的なコンテンツの視聴と映画館での体験とは別のものです。人は映画館で映画を見ることへの愛着を手放すことはできないのではないでしょうか。映画のつくり手たちは、映画館の大きなスクリーンで自分の作品が上映されることを想いながら作品をつくり続け、その作品を上映する映画館をつくりたいと思う人も絶えることはありません。

映画館のプログラム

　私たちは、映画館を「シネマコンプレックス」「ミニシアター/名画座」「既存興行館」「成人映画館」の4つに分類しています。この本に紹介されている映画館のほとんどが「ミニシアター/名画座」であり、私たちが「シネマテーク」と呼んでいる公共の映画上映の場所、それに、いわゆる"映画館"とは異なる小さな上映の場所も含まれています。このような場所では、大きな映画館で上映される作品とは異なる多様な映画、個性的な映画、小さな映画が上映されています。

ミニシアターや名画座であっても、集客を度外視してプログラムを組むことはありません。ただ、単に多くの観客を集める作品を上映したいというものではなく（これもそう簡単にできるものでもありませんが）、一途に「良質な」作品だけを求めるというものでもない、そこに映画館のプログラミングの醍醐味があります。ミニシアターのプログラムも名画座の上映作品も、時代によって変化してきました。とりわけこの十数年は、公開（製作）本数の倍増、コロナ禍後の客層の変化、旧作のデジタルリマスター版やレトロスペクティブ公開の急増などを背景に、ミニシアターのプログラミングは大きく変化しています。

ミニシアターで上映されるような小規模な作品は、「全国一斉公開」されることは少なく、まず、東京の映画館で公開され、その後、地方の映画館へと順次公開されます。東京での公開は非常に重要で、その成否が作品の成否、その後の地方での上映の成否をも左右することになります。東京の映画館が、製作会社、配給会社、ミニシアター＝アートハウス文化の命運を握っているといっても過言ではありません。何が何でも東京が中心というわけではありませんが、現在も、東京の映画館がアートハウス文化の主軸をなしていることは確かであり、東京は国際的にも、ニューヨーク、パリ、ベルリン、ロンドンといった大都市に並ぶ、アートハウス文化の中心地と見なされています。

この本では、90館ほどの映画館（上映の場）が紹介されていますが、東京の映画館は13館で、ミニシアターが5館、名画座が4館、シネコンが1館で、3館はいわゆる"映画"ではない「シネマテーク」です。この本はミニシアター文化、アートハウス文化を紹介するものではありませんが、東京のミニシアターが主軸となるアートハウス文化が、多くの観客を集める魅力的なものであり続けることは、「まちの個性派映画館」の未来にとっても非常に重要です。

未来の映画館、未来の観客たち

年齢によって映画館の意味は変化します。

近年、映画館の"観客の高齢化"が問題とされてきました。とりわけ、地方のミニシアターではこれは深刻な問題となっています。しかし、都心のシネコンには若い観客が溢れており、夏休みや春休みのアニメーション公開時には映画館は子どもたちでいっぱいになります。子どもたちは映画館が大好きです。映画館で映画を見る楽しさを体験した子どもたちが、中学生、高校生、大学生になっても、その年齢にあった形で、多様な映画に出会い、様々な映画館を訪れる、それが映画館の未来を形づくる、とてもシンプルなことです。しかし、いまや日本全国で590館ほどしか映画館はなく、そのうち200館（35％）が関東地方に集中していて、全国の8割以上の市町村には映画館がありません。大きなスクリーンで他の人と一緒に映画を見る楽しさを知らない子どもが増えているのではないかと心配です。

私たちは、数年前から地方のミニシアターやシネマテーク、コミュニティシネマと共同で「夏休みの映画館」という、小学生から高校生ぐらいの若い観客のための上映会を開催しています。若い観客に、自分が住んでいるまちの映画館（コミュニティシネマ）を知ってもらいたい、そこでいままで見たことがなかっ

Column

たような多様な映画に出会ってほしいということで、10館ほどの映画館・上映者が集まって、上映作品を選び、上映に合わせたイベントを考え、工夫を凝らしたプログラムをつくっています。映画をより深く楽しんでもらえるように、鑑賞の手引きとなる小さな冊子「鑑賞ノート」もつくっています。実は、欧米のアートハウスの多くがこのような上映プログラムを組んでおり、若い観客の開拓・育成（教育プログラム）はアートハウスにとって必須のプログラムとなっています。ミニシアターに小学生や中学生、高校生にきてもらうことは本当に難しいのですが、未来の観客を育てるため、また、新しいつくり手を育成するためにも、「子どもと映画」をつなぐプログラムを広げていく必要があります。

映画館は不思議な場所です。映画を映画館でみるとき、人は他人とともに映画をみていますが、それと同時に映画館の中ではひとりになることができます。周りに多くの人がいるとしても、ひとりで目の前のスクリーンに映し出された世界に、映画に向かい合うことができます。暗くした空間で、大きなスクリーンに投影される映像、全方位から溢れる音を浴びて、2時間ほどを映画に集中することができる、そこが映画館のいいところだと思います。

人はなぜ映画館をつくりたくなるのでしょう。自分が住むまちに映画館がほしいと思うのは、他ならぬ映画でなければならないと思うのはなぜなのでしょう。新しい映画館をつくろうとする人たちは、ただ単に懐かしさやノスタルジーだけで、映画館をつくるわけではありません。

1館に10数スクリーンを擁し、IMAXの巨大なスクリーンにDTSなど最新の音響設備を備えるシネマコンプレックスが新設され、東京のミニシアターはアートハウス文化の最前線でしのぎを削る、その一方で、閉館した映画館が市民主導で再開され、映画館がなくなって久しい町で20席にも満たない客席数の、仮設のようなスクリーンとプロジェクタで不定期に上映が行われる場所＝映画館が全国各地に生まれています。この本で紹介されている多様な映画館、上映の場所の形が、映画館の未来、未来の映画館のあり方の一端を示しているのかもしれません。映画館は、これからも、存続可能な形へと様々に形を変えながら存在し続けるでしょう。

▶ コミュニティシネマセンター Webサイト
http://jc3.jp/wp/
▶ 夏休みの映画館 Webサイト
https://kodomoeigakan.jp/natsuyasumi/
▶ アートハウスプレス Webサイト
https://arthousepress.jp/

◀ こども映画館 鎌倉

鑑賞ノート ▶

あとがき

　私にとって映画館は、映画を楽しむ場所であり、働く場所でした。
　美術系の専門学校を卒業後、絵を描くことを続けながら10年ほど映画館に勤務していました。
　映画館で働き始めた頃から、たまに行く旅の中で、時間があれば映画館に立ち寄るようになりました。
　旅先で観る映画は、旅の思い出と共に記憶され、映画館自体の魅力も印象に残っていました。

　映画館スタッフになり8年位経った頃、何となく映写用具や映写機の絵を描いたことをきっかけに、イラストで映画館について紹介するような本を作りたいという気持ちが湧いてきて、そこから映画館訪問を主目的に旅をするようになりました。

　本を作ることに関しては諦めた時期もあったり紆余曲折ありましたが、色々な方との出会いを経て、今回何とか形にすることができました。

　まず、企画を一緒に考えてくださった編集の宮城さん。以前同じ職場に居た仲ですが、偶然の再会からこの本の話がスタートしました。
　リライト作業や取材にご協力いただいたライターの遠藤さん、荒井さん。お二人の存在なくしてこの本は成り立たなかったですし、色々と相談することができて、とても心強かったです。
　コラムページを執筆くださった岡田さん、富重さん、神田さん、前述の荒井さん、岩崎さん。皆様のおかげで多面的に映画館の魅力をお伝えすることが叶いました。

　可愛い本に仕上げてくださったデザイナーの宮﨑さん。デザインされたデータを確認するたびに、自分のイラストが素敵に見えてくるので、毎回喜びを感じておりました。

　また、いつも話を聞いてくれた映画館巡りが好きな友人、おすすめの映画館を教えてくださった方々、写真や情報をご提供くださった皆様にもお世話になりました。

　制作にご協力くださった皆様、そして何より取材にご協力くださった全ての映画館、上映場所の皆様に心より感謝申し上げます。

　今回の書籍を作るにあたり、10年ぶりに訪れた劇場もあり、映画を見ながら色々なことが思い出され感慨深かったです。
　ただ、そんな体験ができるのは当たり前のことではありません。書籍制作中にも、いくつかの映画館が閉館されました。
　その場所が在ることに感謝しつつ、今後も映画館で映画を見ることを楽しんでいきたいと思います。

　最後に、この本をお手に取ってくださり、ありがとうございます。
　今回ご紹介した以外にも、沢山の魅力的な映画館が存在しています。
　この本が映画館に足を運ぶきっかけになり、新しい場所との出会いにつながりましたら幸いです。

美木麻穂

都道府県別 INDEX

【北海道・東北】

北海道	函館市民映画館シネマアイリス	156
青森	シネマディクト	126
秋田	アウトクロップ・シネマ	166
	御成座	16
岩手	シネマ・デ・アエル	62
山形	鶴岡まちなかキネマ	64
	フォーラム山形	144
宮城	シアターキネマティカ	176
福島	本宮映画劇場	12

【関東】

栃木	宇都宮ヒカリ座	32
	小山シネマロブレ	155
茨城	あまや座	154
群馬	シネマテークたかさき	66
	高崎電気館（高崎市地域活性化センター）	10
埼玉	川越スカラ座	33
	深谷シネマ	68
東京	アテネ・フランセ文化センター	42
	109シネマズプレミアム新宿	117
	国立映画アーカイブ	116
	シアター・イメージフォーラム	51
	シネマチュプキタバタ	128
	シネマネコ	70
	下高井戸シネマ	152
	神保町シアター	53
	Stranger	177
	東京日仏学院［エスパス・イマージュ］	54

	目黒シネマ	118
	ラピュタ阿佐ヶ谷	115
	早稲田松竹	119
神奈川	鎌倉市川喜多映画記念館	114
	シネコヤ	72
	CINEMA AMIGO	181
	シネマ・ジャック＆ベティ	113
	横浜シネマリン	112
千葉	キネマ旬報シアター	147

【中部】

新潟	ガシマシネマ	74
	高田世界館	40
	新潟・市民映画館 シネ・ウインド	130
石川	シネモンド	146
福井	メトロ劇場	150
長野	赤石商店	168
	上田映劇	94
	長野相生座・ロキシー	14
岐阜	ロイヤル劇場	98
愛知	大須シネマ	178
	シネマスコーレ	148
	ミッドランドスクエアシネマ	96
静岡	静岡シネ・ギャラリー	44

Index

【近畿】

滋賀	宮前舎	183
三重	伊勢進富座	132
京都	おもちゃ映画ミュージアム	76
	京都文化博物館	52
	シネ・グルージャ	46
	福知山シネマ	145
兵庫	ヱビスシネマ。	170
	神戸映画資料館	104
	パルシネマしんこうえん	22
	元町映画館	78
	豊岡劇場	20
大阪	シネ・ヌーヴォ	100
	プラネットプラスワン	102
和歌山	シネマ２０３	179

【中国・四国】

鳥取	ジグシアター	80
島根	小野沢シネマ	180
岡山	シネマ・クレール	48
	ピクトリィシアター	172
広島	サロンシネマ	138
	シネマ尾道	134
	八丁座	136
	横川シネマ	140
山口	漁港口の映画館 シネマポスト	82
	萩ツインシネマ	28
	山口情報芸術センター［YCAM］	50
香川	ホールソレイユ	24

愛媛	シネマルナティック	151
高知	あたご劇場	26
	キネマミュージアム	182

【九州・沖縄】

福岡	小倉昭和館	142
	福岡市総合図書館映像ホール・シネラ	106
佐賀	シアターエンヤ	174
	シアター・シエマ	84
長崎	長崎セントラル劇場	149
大分	玉津東天紅	86
	別府ブルーバード劇場	30
熊本	本渡第一映劇	108
宮崎	宮崎キネマ館	55
鹿児島	ガーデンズシネマ	153
沖縄	桜坂劇場	110

美木麻穂（みき・まほ）

神奈川県出身。イラストレーター。中央美術学園でイラストや絵本について学ぶ。卒業後はシネコンと単館系映画館にて映写、フロアスタッフとして勤務。2019年1月、日本各地の映画館を取材し描いたイラスト展「映画館へ」を開催。本書籍はその内容をまとめた小冊子を元に再編集した。

人が集まる，文化が集まる！
まちの個性派映画館
An illustrated Guide to Unique Local Cinemas

2024年11月20日 初版第1刷発行

著者	美木麻穂
デザイン	宮崎希沙（KISSA LLC）
文	遠藤徹 ／ 荒井南
コラム	岡田秀則 ／ 富重聡子 ／ 神田麻美 ／ 岩崎ゆう子
校閲	株式会社ぷれす
編集	宮城鈴香

発行人	三芳寛要
発行元	株式会社 パイ インターナショナル

〒170-0005　東京都豊島区南大塚2-32-4
TEL 03-3944-3981　FAX 03-5395-4830
sales@pie.co.jp

印刷・製本　シナノ印刷株式会社

©2024 Miki Maho/ PIE International
ISBN978-4-7562-5811-3 C0074
Printed in Japan
本書の収録内容の無断転載・複写・複製等を禁じます。
ご注文、乱丁・落丁本の交換等に関するお問い合わせは、小社までご連絡ください。
本書に掲載されている情報は、主に2024年10月までに集められた情報に基づいて編集しておりますので、変更されている場合がございます。
著作物の利用に関するお問い合わせはこちらをご覧ください。
https://pie.co.jp/contact/